Um Ofício Perigoso

Coleção Debates
Dirigida por J. Guinsburg

Equipe de realização – Tradução: Nanci Fernandes e Mariza Bertoli; Revisão: Eloisa Graziela Franco de Oliveira; Produção: Ricardo W. Neves, Heda Maria Lopes e Raquel Fernandes Abranches.
Ilustração: *A Morte de Sócrates*, de Jacques-Louis David.

luciano canfora
UM OFÍCIO PERIGOSO
a vida cotidiana dos filósofos gregos

PERSPECTIVA

Título do original alemão
Ach, Aristoteles! – Anleitungen zum Umgang mit Philosophen

© 2000 by Europäische Verlagsanstalt / Rotbuch Verlag, Hamburg

Direitos reservados em língua portuguesa
EDITORA PERSPECTIVA S.A.
Av. Brigadeiro Luís Antônio, 3025
01401-000 – São Paulo – SP – Brasil
Telefax: (0--11) 3885-8388
www.editoraperspectiva.com.br
2003

SUMÁRIO

Filosofia: Um Ofício Perigoso – *Maria Sylvia
    Carvalho Franco* 7
Apresentação – *Paulo Butti de Lima* 11

Abreviações 15

1. Sócrates Obteve a Infalibilidade da Maioria 17
2. O Exilado: A Vida Errante do Cavaleiro Xenofonte .. 37
3. Platão e a Reforma da Política 57
4. Aristóteles, Um e Dois 85
5. Epicuro e Lucrécio: O Sentido dos Átomos 129
6. Um Ofício Perigoso 163
7. As Vidas de Diógenes Laércio 177

Índice dos Trechos Citados 183
Índice Remissivo 189

FILOSOFIA: UM OFÍCIO PERIGOSO

Entrelaçando história, política e filosofia – inclusive a fortuna dos textos – Canfora abre rumos originais para a compreensão de pensadores já perscrutados ao máximo – Sócrates, Xenofonte, Platão, Aristóteles, Epicuro e Lucrécio – ao expor concretamente suas obras teóricas e atitudes práticas. Na fugaz singularidade dessas vidas "perigosas" – e nos contextos particulares onde transcorrem – desvenda-se o fulcro universal e perene, aberto à reflexão de outros tempos arriscados. Pesquisas acuradas e um texto literário meticulosamente construído, colhem, com simpatia, atormentadas experiências filosóficas. Razões e sentimentos afloram dos textos antigos, plenos de sentido para a nossa compreensão.

A morte de Sócrates prende-se à estrutura da cidade e a seus tipos humanos. Após a guerra do Peloponeso, com o colapso dos "Trinta", a restauração democrática desencadeou a fúria de processos que dilaceraram o grupo socrático. Nesse quadro, o ateniense "médio" protagoniza os temores, ressentimentos e suspeitas contra o aristocrata "de mente livre e sem preconceitos" e brande a violenta demagogia e astúcia política orquestradas para o poder dos muitos, autoconcebidos como acima da lei. O processo de

Sócrates revela o mecanismo arbitrário das assembléias e judicaturas, supostas expressões do "povo soberano", mas, de fato, campo de manobras ilegais por minorias organizadas, que induzem a maioria a renunciar ao exercício de sua vontade soberana. Sem dobrar-se à força oligárquica ou elidir sua crítica à democracia, "fábrica de consenso", sem renunciar ao saber questionador, Sócrates, "por sua coerência, foi morto". Situação paradigmática de outros "delitos de opinião" passíveis de pena capital, em tribunais populares postos acima da legalidade, até no passado recente.

O ensaio sobre Xenofonte elucida a guerra civil na cidade antiga e projeta seu viso moderno. O terror de Estado (represálias, extermínio traiçoeiro de populações civis, emboscada e massacre de mediadores da paz) rege a tirania dos Trinta, o governo dos Dez e a democracia restaurada. Xenofonte atenua tais crimes, remetendo as responsabilidades a ordens superiores, astúcia própria a tiranias antigas ou ditaduras modernas. Vitoriosos, os democratas celebraram um tratado que ressalvou a impunidade dos crimes (salvo os de sangue), incluindo a famosa frase depois usada em outras proclamações de anistia: "Não guardaremos na memória os males sofridos". Amargo ajuste maquinado em regimes autoritários de ontem ou de hoje. Cúmplice da repressão oligárquica, inclusive dos assassinatos, Xenofonte tornou-se um mercenário no exílio, junto a Ciro, cuja derrota reativou a cena em que chefes dispostos a render-se são traídos e mortos: em Atenas, pelo "povo soberano", na Pérsia, pelo Grande Rei.

Guerras e conflitos selam as reflexões de Platão: a tragédia na Sicília e Siracusa vencedora de Atenas, as bases da cidade questionadas por homens como Crítias e Eurípides, pródigos em dúvidas, tidos por ateus, atentos à violência natural. A estes prismas junta-se o "fascínio" de Sócrates, cuja saga milenar vicejou em clima de proselitismo e conversão. A fala de Canfora – solaz aragem que afasta a aura místico-religiosa inflada em exegeses atuais – privilegia a política.

Este registro laico dá sentido à *Sétima Carta*, contrariando a vulgarizada montagem do filósofo extático e secreto. Nela, capta-se o breve nexo de Platão com os "Trinta", a fugaz trégua democrática, suas razões para sair da cidade. Na volta, ao ensinar em um círculo retirado, o fez por escolha política (o fatídico método público de

Sócrates pedia cautela) e não por alguma esotérica doutrina. O "assassinato de Estado", contra seu mestre, afastou Platão de Atenas e o dirigiu a outros crisóis onde apurou seu pensamento político. Desse ângulo ganham sentido suas viagens, reveses práticos e tino especulativo: sua voz é de quem "viu e sofreu", não do "pensador livresco que projeta na prancha a cidade ideal". Em sua pesquisa harmonizam-se teoria e ação, coincidem a idéia de bem supremo e o ato político para o bem, embricam-se as discussões, a longa convivência e a doutrina que, "súbito, como a luz que brota de uma centelha, nasce dentro da alma e nutre-se a si mesma" – a política sintetiza todos os pressupostos éticos e metafísicos.

As peripécias da *Sétima Carta* e os traumas da tirania (risco de morte, escravidão, consenso intelectual imposto) ampliam-se em falácias ditatoriais crônicas: conquistar supremacia com truculência, subverter as almas pela luta armada, preterir a persuasão das mentes. A *Oitava Carta* reforça o peso da política, com o desígnio de intervir "tecnicamente" nas forças sociais. Canfora indica, em Platão, um enclave realista aberto a alianças com o tirano e evoca traços da *Realpolitik*: fascínio pelo poder, esperança de gerir dinâmicas que, relegadas, seriam piores, crença em perseverar, sujeição à efetividade. Maquiavel, o grande vulto dessa opção prática e teórica, dela saiu destruído.

Canfora alterna os avatares da obra e a vida pessoal de Aristóteles. Macedônio, nascido em família de cortesão, serviu à casa reinante, desde seus interesses filo-helênicos, ao ir para Atenas inteirar-se da cultura grega, até os estratégicos, nas ações de "inteligência" visando Demóstenes e o Grande Rei. O sábio acima de qualquer suspeita esteve no cerne da trama política e bélica, quando mudanças nos tipos e limites de soberania atingiam a jugular da cidade grega. Ressaltam, aí, seus vínculos com Hérmias, chave no serviço secreto de Filipe.

Ação política e carreira intelectual atam-se em Aristóteles. Deixou ele Atenas e a Academia, ao começar a rixa entre Filipe e Demóstenes, só voltando após Queronéia. No ínterim, fundou uma escola em Atarneia, a convite de Hérmias e, na Macedônia, cumpriu a missão para a qual fora instruído: preceptor do príncipe. Em Atenas, no Liceu, guardou nexos com os poderes pátrios e com ações políticas reservadas, discerníveis em seus passos com Antípatro, gestor da ordem macedônia na Grécia. Esse nó pessoal, bélico e civil ressalta na política de Aristóteles: para sua "alma de homem nascido em pequena cidade grega periférica, posta na órbita de forte monarquia militarista", a pólis ideal congrega grupos "médios", proprietários, regidos por lei. Aristóteles sabe que tais comunidades podem gravitar na órbita de um regime monárquico hegemônico, enquanto as metrópoles democráticas e imperialistas, como Atenas, lhe serão hostis.

Fluíram recursos para o Liceu, até a ruptura entre o Rei e Aristóteles, quando seu sobrinho foi morto em revolta palaciana. Calístenes, morto por Alexandre, e Hérmias, executado pelo Grande Rei, ensejaram-lhe triste paralelo e malogro: empenhar-se em derrotar a monarquia persa e reconhecer seus métodos no soberano a quem serviu. Disfarçada ou clara, a decepção do militante que dedicou sua vida a ideais pisados pelos companheiros no poder é conhecida experiência.

As páginas sobre Epicuro e Lucrécio discernem impasses na física atomista e apontam seu significado para o saber moderno. Desentranham as implicações políticas do poema de Lucrécio, captando suas posições contrárias a "toda a ética pública romana": crítica à vacuidade do poder, à exaltação do heroísmo guerreiro, ao afã pelas altas magistraturas, ao estilo senhorial de vida, à propriedade privada e ao Estado. Sua tese sobre a mortalidade da alma rompe com a tradição filosófica e religiosa, estabelecendo uma ética laica onde o bem é fonte de felicidade terrena, conquista do intelecto. Sua linguagem sexual aberta e sátira às convenções amorosas chocaram-se com os códigos morais e literários augustinianos. Nessa frente teórica e prática vislumbra-se o pensador insólito, omitido pelos poetas alinhados com a piedade e a cultura vigentes, os quais aprenderam com ele e silenciaram sobre sua obra, modo astucioso de exclusão praticado nos meios intelectuais de sempre. Em que pese a complexa conciliação entre universo mecânico e livre arbítrio, a física atomista e seus corolários – ética e salvação terrenas – tanto expandiram-se como sofreram ataques nos séculos posteriores, mormente pelo cristianismo. Não obstante, esse pensamento pôde ser domesticado pelo ideário dominante, que logrou tingi-lo de religiosidade.

Maria Sylvia Carvalho Franco
Profª Titular do Depto. de Filosofia da Unicamp

APRESENTAÇÃO

Vida cotidiana, biografia, romance policial: os livros mais recentes de Luciano Canfora parecem retomar gêneros históricos e literários tradicionais. Percurso curioso para um professor de filologia clássica, cujos primeiros estudos foram dedicados aos mais intrincados processos de transmissão dos textos antigos – em particular das obras de Tucídides e Demóstenes. E que se debruçara sobre os grandes temas da historiografia antiga, como a narração das guerras civis pelos historiadores latinos[1].

Podia-se notar, já nesses primeiros trabalhos, que se tratava de uma filologia *sui generis*. No texto do historiador Tucí

---

1. Bibliografia selecionada: Tucídides, *Tucidide Continuato*, Padova, Antenore, 1970; *Il Mistero Tucidide*, Milano, Adelphi, 1999 (ed. francesa, Desjonquères, 1997). Demóstenes, *Per la Cronologia di Demostene*, Bari, Adriatica, 1968; *Inventario dei Manoscritti di Demostene*, Padova, Antenore, 1968. Historiografia antiga: *Totalità e Selezione nella Storiografia Classica*, 2ª edição, Bari, Laterza, 1996. Historiografia romana: *Storici della Rivoluzione Romana*, Bari, Dedalo, 1974; *Studi di Storia della Storiografia Romana*, Edipuglia, 1993.

dides, Canfora entrevia a mão de seu editor, Xenofonte, e mostrava que o trabalho de edição de historiadores que também conduziam exércitos não era simples ocupação acadêmica. Mas no fundo não seria também este o trabalho do filólogo, indicar que a edição e a transmissão dos textos nunca se realizam na forma abstrata dos esquemas genealógicos? Que na edição de textos – não só antigos – deve-se ficar atento aos processos editoriais, à diferente consideração dos estudiosos pelos autores, temas e gêneros, à circulação das obras, às preferências do público? E que a tarefa do filólogo pode se estender para além da reconstituição do texto – e pode olhar para os interesses nunca simples dos homens que decidem reler e difundir textos antigos, trate-se da narração de sangrentas guerras civis, trate-se de disputas teológicas só em aparência pouco significativas para que as retomam? Essa história do texto torna-se história da cultura, e não é sem razão que acabe por levar à história mesmo das bibliotecas, à qual Canfora dedicou uma de suas obras de maior sucesso[2].

Luciano Canfora reteve, certamente, a lição dos mestres da filologia clássica do século XX: retorna com insistência a figuras como Giorgio Pasquali ou Eduard Fraenkel – ou, por que não, ao professor deste último e filólogo insuperado, Wilamowitz-Moellendorf (mas também personagem de posições políticas conservadoras: e a relação entre estudos clássicos e política foi pioneiramente tratada por Canfora)[3]. Desses autores, segue a leitura rigorosa dos textos, a atenção pelo mundo clássico grego e romano, a idéia (pasqualiana) de que não se faz crítica textual sem história do texto – e esta é, ao ver de Canfora, simplesmente história: história social, da alfabetização, da difusão do livro, do público de leitores, do conceito de publicação em épocas distintas e distantes da nossa.

---

2. *La Biblioteca Scomparsa*, Palermo, Sellerio, 1986 (ed. Companhia das Letras, 1988). Sobre a recuperação dos autores antigos em época moderna: *Le Vie del Classicismo*, Bari, Laterza, 1989; e *Le Vie del Classicismo 2*, Bari, Laterza, 1997.

3. Filologia e política: *Intellettuali in Germania tra Reazione e Rivoluzione*, Bari, De Donato, 1997; *Ideologie del Classicismo*, Torino, Einaudi, 1980.

Uma história singular que, na sua roupagem exterior, mostra-se como recuperação dos *Realien*. Mas essa atenção à vida dos autores e das personagens nas vicissitudes dos textos está sempre longe do cotidiano, do banal, do repetitivo. Teria sido Tucídides realmente exilado? Teria sofrido morte violenta? Pela figura desse historiador maior e antidemocrático podemos chegar a outro tema recorrente nas análises de Canfora (quem sabe visto também pelo prisma da vida de um grande ditador romano): não só a relação entre o intelectual e a política, mas a reflexão mesma sobre a democracia – que nos alerta sempre para o seu conteúdo social, para não dizer de classe, e nos distancia do que Canfora chama "retórica democrática" das sociedades parlamentares contemporâneas[4].

Eis que a crítica dos textos conduz, nas mãos de Luciano Canfora, à biografia. E com a investigação intensa, mesmo exasperada, de dados biográficos, em sua conexão com os textos produzidos e a circulação das obras, foge-se da banalidade, e se aproxima, por vezes, da forma do romance. Exemplo paradigmático dessa situação é o autor a que Canfora tem se dedicado mais freqüentemente nos últimos anos: Fócio, o patriarca de Constantinopla. Na sua *Biblioteca*, obra erudita por excelência, discernem-se não só práticas de leitura e edição como também os percalços que marcarão a vida do "herético" religioso (para olhos ocidentais). E a edição humanista desse texto realizar-se-á em meio às disputas da reforma protestante, tingida por acontecimentos enigmáticos ou mesmo violentos. Para não dizer da tradução de Fócio na França pós-revolucionária, condicionada por um mundo dividido na sua herança política, nos conflitos de classe, e também nas posições de uma Igreja cindida pelo galicanismo, pelo contraste entre modernidade e tradição, pela adesão às lutas sociais[5].

---

4. Biografia de César, *Giulio Cesare. Il Dittatore Democratico*, Bari, Laterza, 2000 (ed. Estação Liberdade, 2002).

5. Sobre Fócio: *La Biblioteca del Patriarca. Fozio Censurato nella Francia di Mazzarino*, Roma, Salerno, 1998; *Il Fozio Ritrovato. Juan de Mariana e André Schott*, Bari, Dedalo, 2001; *Convertire Casaubon*, Milano, Adelphi, 2002; *Fócio na França do Século XIX*: em preparação.

Pois a história do texto é essencialmente história, e Canfora descobre as relações-limites que norteiam a atividade de homens sábios e eruditos, nunca distantes das cenas do poder. Essa paisagem surge, por vezes, de forma inusitada, na proximidade e no detalhe com que é vista – e o trabalho do historiador parece, enfim, retomar os gêneros de uma literatura tradicional. É deste modo que Canfora considera os filósofos antigos, por meio das narrações sobre suas vidas, nos percursos editoriais, nos conflitos com o poder. A seqüência dos acontecimentos e das biografias vale por si mesma, não pelas lições que o raciocínio analógico pretende tirar delas. Singular vida cotidiana, que tão facilmente, na recuperação das informações biográficas e nas imagens da violência política, parece levar-nos ao romance. E singular biografia que, como diz a citação de Somerset Maugham, em epígrafe a este livro, é mais interessante porque trata da vida "interior". Este, pois, o trabalho do filólogo, como já dizia o sentido antigo do termo – amor pela palavra, belos discursos sobre discursos. A uma tal figura de filólogo Luciano Canfora tem oferecido uma das contribuições mais originais.

Paulo Butti de Lima
Professor na Scuola Superiore di Studi Storici
da Universidade de San Marino

ABREVIAÇÕES

CAG = *Commentaria in Aristotelem Graeca*, Berlim, Accademia Prussiana, 1882-1909.

D.-K. = Diels-Kranz, *Die Fragmente der Vorsokratiker*, griechisch und deutsch von H. Diels, 8ª ed., organizada por W. Kranz, I-III, Berlim, 1956.

D. L. = Diógenes Laércio, *Vida dos Filósofos*.

Gigon = O. Gigon, *Aristotelis opera III: Librorum deperditorum fragmenta*, Berlim-New York, 1987.

HG = *Historia Graeca*.

PE = *Praeparatio Evangelica*.

QN = Quaestiones Naturales.

Rose = *Aristotelis fragmenta*, Leipzig, V. Rose, 1886.

VH = *Varia Historia*.

'Αγαθῇ Σοφίᾳ

Só os estúpidos fazem o seu divertimento depender do mundo exterior.

W. SOMERSET MAUGHAN, *Aschenden*.

1. SÓCRATES OBTEVE A INFALIBILIDADE DA MAIORIA

Encontraram-no cheio de equimoses. Seu interlocutor o havia enchido de pontapés. Mas Sócrates não o levara a mal: "Se por acaso um asno me tivesse desferido coices, eu o teria levado a julgamento?", objetou[1]. O povo amante do belo e da filosofia, além de inventor da democracia, discutia com as mãos e com os pés. De fato, Sócrates era vigoroso quando o raciocínio o arrebatava: então os seus interlocutores "golpeavam-no com os punhos e arrancavam-lhe os cabelos"[2], para não falar do desprezo e do deboche que o envolviam. Friso que a condenação à morte não chegou de improviso. Mais de vinte anos antes, Aristófanes havia pensado em fazer rir o seu público com prazer ao colocar em cena o assalto de um grupo de fanáticos incendiários à casa de Sócrates[3]. O efeito cômico

---

1. D. L. II, 21.
2. *Idem, ibidem.*
3. Aristófanes, *Nuvens*, 1494-1504.

nascia, entre outras coisas, do fato de os assaltantes mostrarem-se totalmente insensíveis aos gritos desesperados daqueles que, dentro da casa segundo a ficção cênica, morriam sufocados na fumaça e nas chamas.

Sócrates consolava-se freqüentando outro tipo de gente. Quando o belíssimo Agatão venceu pela primeira vez o concurso trágico (416 a.c.), Sócrates vestiu trajes esplêndidos e foi ao festim na casa do poeta da moda. Ali, entre tanta gente bela, estava também Aristófanes. Era quase outra pessoa comparada ao pensador um tanto desbocado que estimulava o ressentimento popular contra os filósofos "ateus", bem como contra os poetas "ateus", como Eurípides. Cidade pouco tranqüilizadora, Atenas, na qual se arriscava a vida por um delito de opinião. Porém, num círculo restrito e muito estimulante, gozava-se de conversação inteligente, variada e paradoxal, interminável, enriquecida por intervalos prazerosos.

Na rua ele havia encontrado Aristodemo, que estava deveras maravilhado por vê-lo de sandálias: normalmente Sócrates andava descalço. Por isso havia perguntado aonde ia, "visto que se fizera tão belo". Sócrates havia "arrastado" Aristodemo, tinha-o levado consigo à casa de Agatão. "Levado consigo" talvez não seja a expressão justa, considerando-se que durante o trajeto Sócrates preferia isolar-se, "dirigindo para si mesmo a própria força cognitiva", como disse Platão[4], e deixava que Aristodemo o precedesse por vários passos porque não queria ser perturbado na sua reflexão deambulante. Quando chegaram lá onde morava Agatão, Sócrates isolou-se de súbito no vestíbulo de uma casa vizinha. "Isola-se onde bem entende", explicou embaraçado Aristodemo, "e lá fica imóvel". Repentinamente Sócrates entrou e Agatão fê-lo deitar-se ao seu lado. A conversação versava sobre o tema do amor em cada um de seus aspectos. A beberagem fazia efeito, inclusive físico. Aristófanes encontrava-se tomado por soluços: quando por fim a crise passou, falou. Desatou a contar a mais extravagante história que a fantasia erótica já havia concebido: aquela dos homens esféricos e andróginos cortados em dois

---

4. Platão, *Banquete*, 174 A-B.

por Zeus como se talha um ovo com um fio de cabelo e destinados a desejar eternamente a sua metade perdida. Nesse ponto a discussão acalorou-se envolvendo também Sócrates. E no instante em que Aristófanes estava por retomar a palavra e rebater uma alusão de Sócrates, fez-se um barulho ensurdecedor no terraço. Uma animada comitiva (distinguia-se bem a voz de uma flautista) estava no portão e claramente pedia para entrar. E foi então que Agatão disse as palavras que, desde sempre, simbolizaram a cumplicidade que se encontra na base do *Banquete*: "Jovens, vão ver quem é. Se for algum dos nossos, convidai-o a entrar; se não, dizei-lhe que acabamos de beber e que fomos dormir"[5]. Mas era Alcibíades completamente embriagado, sustentado por uma flautista, cingido por uma coroa de hera e violetas. Quando entrou na sala de jantar conseguiu dizer: "Saúdo-vos, senhores, queiram aceitar como companheiro de copo um homem bêbado arruinado. Ou será que devemos ir, logo depois de haver coroado Agatão?"[6] E continuou repetindo de diversas maneiras a mesma frase, com grande sucesso e reiterados convites para continuar bebendo com os demais. Agatão o quer no seu triclínio, no qual já estava Sócrates. Daí os protestos do jovem embriagado, cada vez mais subjugado pelo fascínio de Sócrates, que para ele tinha se transformado no sátiro Mársias. A noitada prosseguiu eloqüentíssima entre libações crescentes e o vai-e-vem de novos amigos, até que todos progressivamente caíram no sono. No final, Agatão e Aristófanes foram induzidos, cúmplices do vinho, a admitir a veracidade da tese sustentada por Sócrates: "Quem é poeta trágico, por obra da arte, também é poeta cômico"[7]. Quando todos foram convencidos, Sócrates levantou-se e dirigiu-se ao Liceu, onde passava, nas habituais ocupações, a sua jornada de costume.

A serena licenciosidade dessa memorável noitada e madrugada da primavera de 416 a.C., contada detalhadamente por Platão, não deve confundir ninguém. Aquele era o estilo

---

5. *Idem*, 174 D.
6. *Idem*, 212 C-D.
7. *Idem*, 212 E.

dos "grandes" da cidade e do seu séquito intelectual: dos quais Sócrates certamente participava. Os atenienses chamados de "atenienses médios" (*Durchnitts Athener*) viam tudo isso com outros olhos e com muita desconfiança. Bastou que, naquela mesma semana, mãos desconhecidas cometessem um sacrilégio, traumatizante não só pelo ato em si como também pelo caráter misterioso do atentado, para que todas as suspeitas recaíssem sobre Alcibíades[8]. Estas foram mais ou menos habilmente controladas, mas o terreno era fértil. Qualquer demagogo teria sabido incitar contra Alcibíades e seus amigos a "besta" obscurantista e desconfiada encerrada no espírito de cada "ateniense médio". Era o estilo de vida deles que os tornava malvistos e os induzia à suspeição. Um contemporâneo seu que se tornou historiador da grande guerra com Esparta, terminada em tragédia, o ateniense de elevada linhagem Tucídides, filho de Oloro, escreveu que Alcibíades havia arruinado Atenas "entre outros motivos, por causa da sua mania por cavalos"[9]. E esclareceu, logo depois disso, o que aquela frase enigmática quer dizer: que "a maioria" adotou um posicionamento hostil em relação a Alcibíades graças ao seu estilo de vida, por "aspirar à tirania". Mas para falar de "estilo de vida" ele adota uma expressão alusiva: "a grave anormalidade por ele praticada em relação ao próprio corpo". Expressão que se refere, em primeiro lugar, à indisciplina sexual de que Alcibíades não fazia mistério. Não obstante as suas maneiras verbais aveludadas, Plutarco visou um propósito muito claro ao falar de *hýbris* no beber e nos amores. O orador Lísias, que havia freqüentado o círculo socrático, conta que Alcibíades e Axíoco, seu tio e amante, foram conduzidos a Abido a fim de que ambos esposassem a cortesã Medontis, celebradíssima (como as demais mulheres de Abido, em cuja "escola" Alcibíades era formado). Da sua convivência nasceu uma filha[10], e quando esta estava em idade de amar, o fez com ambos porque cada qual sustentava que ela era filha do outro[11]. Anti-

---

8. *Idem*, 223 D.
9. Tucídides VI, 15.
10. Antifonte fr. 67 Blass.
11. Lísias fr. 30 Gernet Bizos.

fonte dizia que, com as cortesãs abidenses, Alcibíades havia aprendido "ilegalidade e dissolução".

Ao contar a noite do *Banquete*, Platão desdramatizou e ao mesmo tempo sublimou tudo. E colocou-a inclusive na sua dimensão mais verdadeira. Se escolheu para ambientação do *Banquete* a festa pela vitória de Agatão nas Dionísias de 416, isto é, a primavera de 416, isso talvez não tenha sido casual. Escolheu uma data que também é a vigília da tempestade devastadora do escândalo das hermas* e da profanação dos mistérios. Representar num autêntico mimo filosófico, como o *Banquete*, a verdadeira natureza da euforia desenfreada de Alcibíades e do círculo socrático, com o qual o ainda jovem político se relacionava, significava igualmente acabar com as suspeitas fantasiosas do "povo" acerca das terríveis infâmias escondidas nas casas dos "senhores" de mente livre e sem preconceitos. Platão sabe bem que, na ocasião do processo, e mesmo nos bastidores, um dos cabeças da acusação contra o velho Sócrates fazia parte do "discipulado" de Alcibíades, junto ao mestre. (Discipulado que se enredava nas relações pessoais e na atração física: a respeito de Alcibíades, amante de Sócrates, muitos haviam falado malignamente. Era a outra face, ainda mais "turva", visto que Alcibíades não era um adolescente a mais naquele "discipulado". Por isso, Platão inseriu no *Banquete* aquela patética lembrança, na boca do próprio Alcibíades, sobre a vã tentativa noturna do jovem em fazer-se amar pelo filósofo, sob seu manto roto)[12]. O *Banquete* visa representar, de acordo com uma verdade a que poucos teriam dado crédito naquele momento, o que verdadeiramente significou aquele grupo, que dali a pouco seria disperso pela fúria dos processos que prejudicariam não só Alcibíades como boa parte dos seus amigos. Ainda temos vestígios dos docu-

---

* Eram, para os gregos antigos, os marcos de pedra quadrados que indicavam as cidades. Sobre esses marcos havia um busto esculpido, cabeça e ombros com quatro cortes verticais. A palavra é evocativa do deus grego Hermes, que corresponde ao Mercúrio dos romanos. (N. da T.)

12. *Banquete*, 219 B-D. Aborda nesse contexto o gesto de Alcibíades sobre o juízo da "multidão ignorante" com relação a Sócrates (218 D).

mentos em que eram elencados os bens confiscados dos "profanadores das hermas" (ou como tais presumidos), e encontramos, entre outros, Axíoco, Fedro, Cármides e muitos outros. E entre os objetos confiscados de Alcibíades encontramos ainda o famoso "leito de dois travesseiros", que tanto havia incitado a fantasia dos cômicos com relação à conjectura fácil que se pode fazer sobre as posições amorosas que o deslocamento dos dois travesseiros para os dois extremos da cama pode proporcionar.

Porém, daqueles processos em diante tudo andava, se é que se pode dizer assim, de mal a pior. Os processos apenas se abrandaram quando os delatores já tinham levado às últimas conseqüências as suas invenções acrescentadas por sua má-fé. Haviam deixado sobre o terreno somente ruínas. A cidade foi levada a crer que de fato fosse iminente um golpe de Estado, ou melhor, para usar a linguagem democrática corrente que Tucídides intencionalmente reproduz: "uma conjura oligárquica e tirânica"[13]. E não se tranqüilizaram senão quando puderam incriminar Alcibíades, o qual obviamente livrou-se do julgamento ao colocar-se em guerra contra a sua cidade. A sua queda política determinou a derrota na Sicília: pelo menos uma testemunha importante como Tucídides foi persuadida e afirma-o com todas as letras. E a derrota em terras sicilianas, unida à ocupação espartana de Deceléia, na Ática (feita de surpresa, aconselhada aos espartanos pelo próprio Alcibíades), foi a causa da crise institucional, breve mas plena de conseqüências, do ano 411. Foram então derrubadas as instituições cardeais da democracia e todos puderam ver o quanto ela era débil e carente de verdadeiros defensores. Inútil dizer que a participação num golpe de Estado de um freqüentador, que não era de terceira categoria, do círculo socrático, como Crítias (e seu pai Calescro), não passou despercebida. Sócrates não fazia política e não brigava exatamente para conseguir um consenso público importante, porém os seus "alunos" continuavam a inquietar o "ateniense médio". Às vezes estavam no campo oposto ao da democracia. Deduzir, portanto, que aquele

---

13. VI, 60, 1.

ensinamento dissoluto e quase sofístico (ou hipersofístico) de seu mestre, que Aristófanes alguns anos antes havia submerso em zombarias, nas *Nuvens*, fosse a origem dos péssimos comportamentos dos seus discípulos mais em evidência parecia claro e quase obrigatório.

Tudo isso, na verdade, foi dito e escrito com clareza e vigor polêmico depois do processo contra Sócrates, mas tratava-se de humores e juízos preexistentes que foram se formando, entre altos e baixos, na oscilante vaga emotiva da opinião pública. Em 411, Aristófanes, arranhado no início do golpe de Estado, havia no entanto ficado de fora, por um lado devido à sua ótima intuição e por outro visto que alguns dos "golpistas" odiavam-no e temiam-no, preferindo tê-lo fora de ação. Crítias havia-se lançado na aventura em seguida a seu pai, mas depois desvencilhou-se *in extremis*, propondo-se até mesmo a ser promotor do retorno de Alcibíades à pátria, elevado, nesse intervalo de tempo durante os meses do governo oligárquico, a "protetor" da resistência democrática, refugiada com a frota em Samos. Os papéis tinham-se invertido. E quando Alcibíades finalmente retornou, em meio à gratidão geral, porque graças a ele Atenas havia recomeçado a vencer no mar, pareceu que a concórdia política houvesse retornado e, com ela, a esperança de promovê-la, apesar das gravíssimas perdas dos anos precedentes.

Porém, foi uma ilusão de breve duração. Bastou um pequeno insucesso para quebrar o idílio entre Alcibíades e a cidade. Quando, dentro em pouco, na mais espetacular batalha naval de todo o conflito nas ilhas Arginusas (agosto de 406), os generais atenienses, entre os quais Trasilo e Péricles, o jovem, obtiveram a vitória, por sua conta e risco foi instaurado o mais inquietante processo político que a democracia ateniense já havia celebrado. Naquele ano Sócrates era buleuta*, fazia parte do Conselho dos Quinhentos, escolhido por sorteio. O processo contra os generais vencedores (mas culpáveis

---

* Membro da bulé, tribunal popular (instituição judiciária para julgamento de crimes sem sangue), o maior colégio de julgamento de Atenas com jurisdição sobre quase todos os negócios do Estado, composto por 501 membros. (N. da T.)

por não terem salvado os náufragos, arrebatados pela tempestade depois da batalha) envolveu-o também.

A assembléia popular, investida no papel de corte de justiça, oscilou entre impulsos opostos, manipulada, como é óbvio, por pequenas minorias aguerridas e – naquela circunstância – determinadas a liquidar aqueles estrategos: provavelmente porque muitos amigos e parentes de Alcibíades foram defendidos com habilidade mas sem sucesso por outro parente de Alcibíades. E defendidos pelo próprio Sócrates, na sua veste de prítane*, isto é, de componente dessa "presidência da República" composta, naquela ocasião, pelos representantes das dez tribos, o que simbolizava de modo um tanto evanescente a unidade de rumo político da cidade.

Naquela ocasião, Sócrates encontrou-se em situação mais adequada à sua visão política: aquela na qual um (ou poucos) se contrapõe, mas infelizmente sucumbe, com relação a uma maioria que errou, porém que prevalece enquanto maioria. O caso da eliminação física (não se deve esquecer de que a pena prevista para os desafortunados vencedores das ilhas Arginusas era a pena capital) desenvolveu-se em duas reuniões da assembléia. Na primeira, quase prevaleceu o bom senso, mas o grupo que trabalhava pela condenação soube evitar que se tomasse uma decisão naquele momento: disseram que não se podia votar naquela noite porque não havia luz suficiente e assim não se podia distinguir bem as mãos levantadas dos votantes[14]. Nesse ínterim, trabalharam eficazmente para influenciar a próxima assembléia com alguns golpes de teatro. E o conseguiram. Levaram para a assembléia alguns (presumíveis) parentes dos marinheiros mortos no naufrágio, vestidos na mais eficaz aparência de luto: cabelos raspados, man-

---

* Cada um dos cinqüenta delegados das dez tribos ao Conselho dos Quinhentos. Os prítanes reuniam-se no pritaneu e tinham suas refeições oferecidas pelo Estado, juntamente com os funcionários públicos ou cidadãos que recebiam tal privilégio por terem prestado serviços relevantes à pátria. Pritania era o período de tempo que durava uma bulé, dividida em dez seções correspondentes às dez tribos que ficavam no poder por turnos. (N. da T.)

14. Xenofonte, *HG* I, 7, 7.

tos negros[15]. Levaram à tribuna qualquer (presumível) sobrevivente do naufrágio para que dissesse que os companheiros, ao morrerem, haviam-no intimado a dizer na assembléia: "Os generais nos traíram. Não quiseram nos salvar!"[16] Os sobreviventes sustentavam que haviam sido salvos ao se abrigarem num bote destinado à farinha: uma cena de salvamento que nos faz pensar na *História Verdadeira*, de Luciano. O diretor de toda essa encenação foi Terâmenes. O seu antagonista, Euriptólemos, cunhado de Alcibíades, não esperava tal reviravolta nos ânimos e tentou, de imediato, realçar as exceções formais, não obstante fundamentadas. Mas o "povo soberano", o qual por definição era a assembléia ateniense, gritou contra: "É intolerável que se impeça o povo de fazer aquilo que deseja!"[17] Dirigido de fora e subornado, melhor dizendo, manipulado, o "povo soberano" proclamava a própria superioridade com relação às leis, na ilusão de afirmar, mas já o fazendo, a própria autoridade incondicional e liberdade de decisão. Perfeito exemplo da força das elites, ou da minoria organizada, cuja ação é irresistível mas que, no entanto, tem sucesso na medida em que leva "a maioria" a abster-se de exercer a própria vontade soberana de maioria. Durante a situação crucial – crucial inclusive devido aos êxitos da guerra –, nas vicissitudes do processo dos estrategos, duas minorias organizadas, em luta entre si mesmas, conseguiram o beneplácito da maioria.

Sócrates encontrava-se na minoria vencida. Onde estava a ilegalidade que se estava por cometer? Estava contida na proposta que um certo Calixeno, político de segunda ordem, havia apresentado à nova assembléia aproveitando a comoção criada por Terâmenes com a sua encenação. A proposta de Calixeno pedia um voto *in bloco* para todos os generais presos. As exceções de ilegalidade referiam-se, exatamente, a esse procedimento de votação. E o "povo soberano" reivindicava o próprio direito de estar acima da lei, mesmo com referência a essas objeções perturbadoras. Competia aos prítanes colocar em votação as propostas. E inicialmente os prítanes disseram

15. *Idem*, I, 7, 8.
16. *Idem*, I, 7, 11.
17. *Idem*, I, 7, 12.

que não podiam ficar calados ante uma situação do gênero, que não podiam aprovar procedimentos ilegais. Então Calixeno, que era muito direto, subiu na tribuna para ameaçar no sentido de que o voto que estava para ser pronunciado haveria, se os prítanes se obstinassem, de referir-se também a eles[18]. Eles seriam julgados culpados juntamente com os generais. Os prítanes ficaram em pânico e disseram-se prontos a colocar em votação a proposta de Calixeno, tal como tinha sido apresentada. Apenas Sócrates, movido talvez não somente pela proximidade afetiva com os amigos de Alcibíades, mas de alguma forma também por isso, permaneceu firme com relação à tomada de posição anterior. Além disso, ele fez uma declaração: disse que "não faria nada que não estivesse de acordo com a lei"[19]. Essas são as únicas palavras de Sócrates registradas num livro de história contemporânea, isto é, escrito no tempo em que o fato aconteceu. A escolha contra a corrente mostra-se mais corajosa quando, na fase de votação, a proposta de Calixeno foi assumida pelo Conselho dos Quinhentos: na hora da votação, a proposta que era de Calixeno torna-se "a proposta do Conselho", contra a outra que era de Euriptólemos[20].

Não obstante a bravura de Euriptólemos, ao inventar uma linha de defesa radical para obter um julgamento "individual" para cada um dos imputados, o "povo soberano" ignorou qualquer solicitação diferente daquela orquestrada pelo grupo de Terâmenes. O voto atingiu em bloco todos os imputados, os quais, na verdade, numa única votação, foram todos condenados e levados à morte através de um procedimento imediato. Vale a pena notar que aos vencedores da dura batalha travada na assembléia não interessava, naquele momento, aplicar a ameaça de Calixeno contra os prítanes obstinados. Ninguém considerava interessante incluir Sócrates entre os condenados (tinha sido esta a ameaça), inclusive porque, afora ele, os outros prítanes tinham sido rapidamente dobrados. Mas certamente o seu gesto de desafio ao "povo soberano"

---

18. *Idem*, I, 7, 14.
19. *Idem*, I, 7, 15.
20. *Idem*, 7, 34.

não foi bem visto. Ele havia ousado afrontar a tese da superioridade do "demo" sobre a "lei".

Um discípulo seu, nem sempre adequadamente levado em conta pelos modernos, o ateniense Xenofonte, quis, muitos anos depois, quando Sócrates já tinha sido assassinado, inserir entre as suas "memórias socráticas" uma conversação, provavelmente verídica, ocorrida entre Alcibíades muito jovem e Péricles já velho. Não sabemos com exatidão quando isso ocorreu, certamente antes de 429, quando Péricles morreu de peste, e portanto quando Alcibíades – como escreve Xenofonte – tinha menos de vinte anos. O argumento da conversação é a dialética entre "força" (violência) e "lei"[21]. O diálogo culmina na admissão por parte de Péricles de que, quando a "violência" é do "demo" (e está deliberadamente adotando as palavras constitutivas do termo "democracia"), ela não pode chamar-se necessariamente ilegalidade, enquanto que passa a sê-lo quando aqueles que se sobrepõem à lei são "os poucos" e o "tirano". Desse importante diálogo que Xenofonte teria conhecido através do próprio Alcibíades, extraem-se várias conseqüências.

Partamos do fim. À pergunta: "Aquilo que o povo decide no seu conjunto, sem usar o recurso da persuasão, mas impondo-se aos ricos, devemos considerar lei ou violência?"[22] Péricles responde: "Nós também, na tua idade, fizemos a mesma coisa". E emenda: "Também nós adotamos o sofisma que agora tu estás usando". Isto nos dá a entender que Alcibíades considera impossível propor a hipótese de que a lei possa estar acima do "demo no seu conjunto", evidentemente porque, na verdade, o "demo é tudo", como teria dito o siracusano Atenágoras. E não apenas dá a entender a pergunta de Alcibíades como obviamente envolvida com a superioridade do "demo" (enquanto "demo"!); porém reconhece ter adotado no seu tempo, também ele, "sofismas" do gênero[23]. E por isso

---

21. Xenofonte, *Memoráveis* I, 2, 40. A finalidade de Xenofonte é mostrar que *outros*, não Sócrates, foram os mestres de política de Alcibíades.
22. τὸ πᾶν πλῆθος χρατοῦν é a palavra δημοχρατία decomposta nas suas partes.
23. Eis um caso concreto de teorização da "vontade geral" muito *avant la lettre*.

Alcibíades replica lamentando não ter estado ao seu lado "então".

Desse modo, Xenofonte pensa explicar de modo conclusivo que a fonte da política democrática radical de Alcibíades estava fora do ensinamento socrático: derivava, quando muito, de um "mau mestre" como Péricles. Na verdade, pode-se discutir se o caráter dominante da política de Alcibíades tenha sido realmente a democracia radical, considerando-se que partiam daí os ressentimentos que o haviam afastado de Atenas, por duas vezes. Portanto, é interessante que Xenofonte tenha querido mostrar essa imagem (embora com referência ao início da carreira de Alcibíades). Certamente ele não teria podido escolher argumento melhor para demonstrar a distância política entre Alcibíades e Sócrates; de fato, aquilo que Alcibíades sustenta – naquele diálogo – ser legítimo, isto é, a onipotência do "demo no seu conjunto", é aquilo que ameaçadoramente sustentam, durante o processo popular contra os generais das Arginusas, aqueles aos quais Sócrates obstinadamente se opôs. É o que se lê em Xenofonte: "Berravam: É insuportável que alguém impeça o povo de fazer aquilo que deseja!"[24]. Ao que Sócrates tinha publicamente contestado: que reconhecia apenas a autoridade da lei e que "nada teria feito que fosse contrário à lei"[25].

Mas logo veio o tempo em que mesmo esse gênero de posicionamento mental haveria de criar-lhe hostilidades, inclusive vindas do lado oposto: dessa vez da parte dos inimigos do "demo". Estes também colocavam seus interesses e sua vontade acima da lei. Sócrates, entretanto, que tinha permanecido na cidade sob o predomínio deles (o que definitivamente "arruinou" a sua reputação), pôde constatá-lo pessoalmente.

O processo, que se concluiu com a execução capital dos generais, foi inclusive, do ponto de vista militar, um gesto suicida. Alcibíades já tinha sido induzido a ir embora. Muitos se perguntavam se aquele homem não seria a última chance para a cidade. Aristófanes, nas *Rãs* (1431), imagina um modo singular para sustentar-lhe o retorno: faz com que Ésquilo

---

24. *HG* I, 7, 12.
25. *Idem*, I, 7, 15.

diga em cena, nos momentos finais de sua bem-sucedida comédia, que Alcibíades tinha sido chamado para retornar à pátria e, recorrendo à comparação com "filhote de leão", sustenta que era necessário acolhê-lo qualquer que fosse o seu estilo. Mas a camarilha que havia massacrado os generais exatamente porque julgavam-nos próximos de Alcibíades certamente jamais teria aceitado o retorno do leãozinho. O último ato foi a traição. A batalha final da longuíssima guerra, aquela na qual, sem nenhuma estratégia dígna desse nome, foi a pique a última frota que Atenas havia colocado no mar, foi perdida porque os generais (um em particular) quiseram perdê-la. Depois do que, para Lisandro, o desenvolto e inexorável vencedor, o resto foi quase uma marcha triunfal. Depois de meses de assédio, por terra e por mar, reduzida ao canibalismo, Atenas capitulou (abril de 404 a.C.). Aceitou tudo aquilo que os vencedores pretenderam: inclusive a mudança de regime político. Ora, o poder passou às mãos dos oligárquicos: daqueles que haviam passado a vida à espera desse momento. Porém assumir o poder com as armas do inimigo vencedor é uma escolha cuja conta deve ser paga no fim. Foi esse o famoso governo dos Trinta (chamados, na tradição posterior, de "tiranos").

O seu líder era Crítias. Ele havia freqüentado Sócrates, ainda que não faltassem nebulosidades nas relações entre os dois (pelo menos a se julgar pelo que narra Xenofonte). E seu sobrinho, Platão, é aquele que, mais do que qualquer outro estudante de Sócrates, quis colocar todo o seu próprio pensamento sob o signo do mestre. Desde o princípio, o governo oligárquico foi tão agressivo a ponto de determinar um fenômeno novo na história política da região: a fuga em massa de qualquer cidadão que pudesse temer a perseguição política enquanto simpatizante do regime democrático anterior. Atenas ficou reduzida nas suas dimensões: o Pireu separou-se, e ali refugiaram-se os democratas. Quem ficou "na cidade", e não foram tantos, exatamente por isso estava comprometido. Sócrates foi um deles. Por quê?

Essa pergunta ainda espera uma resposta satisfatória. Ao menos no princípio ele deve ter sentido "curiosidade" em relação à nova experiência. Uma experiência que muitos podiam pensar que duraria muito tempo, já que a democracia tinha sido convulsionada por uma derrota militar de proporções jamais vistas; e não seria razoável imaginar-se uma rápida rebelião ou reconquista[26]. Platão, numa carta, a famosa *Sétima Carta,* que dificilmente lhe pode ser tirada a fim de atribuí-la a um falsário excepcional, declara ter inicialmente aderido ao novo regime dos Trinta. Escreve: "Alguns dentre eles eram meus familiares e conhecidos e me envolviam com o argumento de que a nova situação me convinha"[27]. Diz inclusive ter até pensado, no princípio, que com o governo dos Trinta, eles "teriam livrado a cidade da injustiça e teriam imposto um justo sistema de vida". E conclui: "Por isso, mudei completamente a minha idéia sobre eles". Se esse era, portanto, na época em que os Trinta se estabeleceram, o estado de ânimo do juveníssimo Platão, não é temerário pensar-se que o ânimo de Sócrates, muito mais sofrido e maduro, devesse ter sido muito diferente. E, afinal, que Platão aderisse aos comportamentos e escolhas de Sócrates pode ser deduzido do que Platão diz logo depois: que o seu afastamento dos Trinta deu-se quando eles romperam com Sócrates[28]. Argumenta-se que, já no momento da adesão, era em Sócrates que Platão fundamentava os seus primeiros passos na política. E isso explica a sua escolha socrática inicial de "ficar na cidade". (Usemos a expressão entre aspas como se fosse uma citação, visto que, dentro de pouco tempo, quando os democratas voltaram ao poder, a expressão "aqueles que ficaram na cidade" tornar-se-á sinônimo de "partidários dos Trinta". Mas voltaremos a esse assunto).

Porém há ainda outra coisa. Existe a relutância de Sócrates em "ir embora", livrar-se da adversidade. (Ele não faria como Alcibíades, que não pensou duas vezes em deixar a cidade). E talvez houvesse, também, a idéia de que um ateniense fora de Atenas é como peixe fora d'água. A questão que volta à baila é se podemos ser, ao menos plenamente, nós mesmos fora do nosso país, respirando outros ares, sobretudo diante de um

---

26. Em 411 a frota, intacta, a partir de Samos, havia comandado a reconquista.
27. Platão, *Sétima Carta,* 324 D.
28. *Idem,* 324 E.

poder político forte e intervencionista. Quando Stálin perguntou: "O senhor fala sério quando diz que quer ir para o exterior?", Bulgakov respondeu, depois de uma pausa: "Pensei muito nestes últimos tempos se um escritor russo pode viver fora do seu país, e parece-me que não pode". E quanto a Sócrates, quem o haveria de interrogar cotidianamente sobre uma volta a Megara ou a Tebas? Certamente as coisas mudaram quando a Ática dividiu-se em duas e os democratas estabeleceram-se no Pireu. Começou então, de fato, a ser constrangedor "ficar na cidade". Esse embaraço ele ainda o demonstra quando, na *Apologia* (como reconstruída por Platão), pronunciada diante dos juízes, manifesta como traço peculiar do seu caráter não querer jamais deixar Atenas a não ser para cumprir obrigações militares. Por fim, não quis deixar Atenas nem mesmo para fugir da morte. Platão heroicizou essa escolha de aceitar a sentença de morte, permanecendo na cidade. Pelo menos ele poderia, na ocasião, ter salvado sua vida fugindo. No entanto, quando Críton o visita no cárcere e propõe-lhe a fuga, que já estava preparada – e que talvez os que o condenaram esperavam (e que talvez até desejassem) –, ele refutou a idéia. Destacando essa recusa, Platão responde aos contemporâneos: e explica aos pósteros, através daquele importante diálogo que é o *Críton*, que mesmo então, na hora da morte, Sócrates "ficou na cidade", como o fizera cinco anos antes sob o governo dos Trinta. Aquele heróico "ficar na cidade" para esperar a morte que lhe era imputada pelo Estado é, portanto, a resposta tardia mas eloqüente às acusações daqueles que deduziam as reais inclinações políticas do filósofo do fato de, em 404, ele ter "ficado" na cidade governada por Crítias.

Na verdade, os seus caminhos tornaram-se logo divergentes. Sócrates arriscou-se a sofrer a vingança dos Trinta porque se recusou a fazer parte da delegação que deveria apreender e liquidar Leon de Salamina. (O qual, muito provavelmente, era um dos dois generais das Arginusas, ainda vivo porque havia escapado, por acaso, do terrível processo). Isso aconteceu quando o regime dos Trinta já vacilava. Na sua *Apologia*, Sócrates retoma aquele episódio com palavras simples e sem tons heróicos ("os outros foram apreender Leon, eu fui para casa") e comenta: "Eu, no entanto, já estaria morto se aquele governo não fosse derrubado dali a pouco"[29]. Pouco tempo antes já tinha havido um confronto direto entre alguns chefes oligárquicos e Sócrates, concluído com a "proibição" imposta ao filósofo de prosseguir com a sua atividade de interlocutor dos jovens. Xenofonte conservou quase um estenograma do diálogo que houve entre Sócrates e dois dos expoentes máximos do regime, Cáricles e Crítias, quando eles vieram comunicar-lhe a "proibição de dialogar com os jovens"[30]. Talvez o próprio Xenofonte estivesse presente. Sócrates não abandonou o seu estilo nem naquela ocasião. Não perdeu o seu irritante hábito de interrogar-se a si mesmo, em vez de submeter-se ao interrogatório dos outros. Como sabemos, interlocutores nervosos reagiam a pontapés e coisas piores. Crítias e Cáricles reagiram com ameaças: que vindas de suas bocas eram particularmente temíveis. "Não devo falar com jovens: mas até que idade é válida a proibição? E se um jovem me dirigir a palavra e me perguntar, por exemplo, 'Onde mora Cáricles?', ou então 'Onde está Crítias?'". Esse gênero de provocações dá a entender que Sócrates não só tinha familiaridade com aqueles doutrinários, mas que continuava a tratá-los com o mesmo senso de superioridade que manifestava em relação a todos os seus interlocutores, sem se colocar na posição de mestre.

Por causa dessa coerência ele seria morto. O repúdio de ir prender Leon já se configurou como um indício. De resto, ele estava consciente do risco da coerência. Ele não "brincava" de filósofo. Quando teve que se defender durante o processo no qual acabou condenado à morte, sob a democracia restaurada, jamais adocicou as palavras. Num certo ponto disse, falando do seu amigo Querefonte: "Ele foi amigo do 'vosso' partido popular, por último esteve 'convosco' no exílio e 'convosco' retornou"[31]. Portanto, mesmo quando se recordava de ter amigos, também ele, no campo "popular", não deixava de guardar a devida distância daquele lado político. Conhecia o risco e –

---

29. Platão, *Apologia*, 32 D-E.
30. *Memoráveis* I, 2, 33-38.
31. *Apologia*, 20 E-21A.

pelo menos desde o tempo do processo contra os generais – sabia que o povo, no papel de juiz, fazia-o para valer.

Além disso, para o júri a acusação, nos seus contornos, era muito pesada: "Sócrates é culpado por corromper os jovens, por não crer nos deuses nos quais a cidade crê e por introduzir divindades novas". A primeira parte da acusação era política mas não abertamente: o acordo de pacificação concluído ao término da guerra civil, a propósito, sempre proibira as perseguições judiciárias retroativas. No entanto, estava claro que, ao se referir à carreira "inteira" de Sócrates, a acusação evocava dois alunos que, por diversas razões, foram execrados pela cidade (Alcibíades e Crítias). Um panfletista que escreveu logo depois da conclusão do processo, chamado Polícrates, tornou explícita essa denúncia da acusação. A segunda parte da acusação era a mais grave processualmente porque se referia ao "sacrilégio", ainda atual, de conseqüências incalculáveis: a impiedade. Esta era, talvez, a falta mais grave frente ao público de uma cidade antiga. Por isso Platão, na *Sétima Carta*, diz, sintetizando: "Acusaram-no de impiedade". Mas acrescenta: "Condenaram-no e assassinaram-no, a ele que não quis tomar parte na impiedosa prisão de um de seus amigos, ao tempo em que eles mesmos, todos exilados, partilhavam juntos a desventura"[32]. Retaliação polêmica atirada na cara dos acusadores, esse foi o gesto corajoso de insubordinação de Sócrates nos confrontos com os Trinta.

De qualquer modo, impiedade era uma palavra pesadíssima. Já Anaxágoras, de quem Sócrates foi freqüentador na juventude, havia corrido o risco de ser processado pela mesma razão e de dar a Atenas o seu primeiro mártir filosófo, ele que, além de tudo, nem era cidadão ateniense. Mas ele se salvou deixando a cidade.

O aspecto desconcertante do processo contra Sócrates é que, sob pretexto de uma acusação desse gênero, tivesse sido convocado para julgar um júri popular. Os quinhentos juízes que condenaram Sócrates constituíam significativa amostra do corpo cívico. A base para formar a corte era uma lista de

---

32. *Sétima Carta*, 325 C.

seis mil cidadãos, provavelmente voluntários, redigida anualmente: simples cidadãos, não entendidos em Direito. Eram cerca de um quinto de todos os cidadãos. O número de jurados variava de acordo com a importância da causa: seja como for, tratava-se sempre de várias centenas. Cada júri tinha plena autoridade e competência: cada juiz recebia um salário de três óbolos* por dia, que bastava para viver. Por isso, os despossuídos aspiravam a ser sorteados como juízes. Seguramente não estavam entre os mais abertos de idéias. Pelo trabalho judiciário desses homens passava quase toda a vida da cidade. De uma maneira ou de outra as causas e as controvérsias, incluídas as políticas, acabavam indo parar no tribunal. Aqui, mais do que na assembléia popular, os cidadãos-juízes decidiam sobre a vida da comunidade.

Não temos o texto daquilo que Sócrates disse em defesa própria durante o processo. Ele, durante toda sua vida, não deixou nada por escrito: isso por uma clara escolha a favor do *diálogo* e da *pesquisa* – que se realizavam através da palavra viva –, com relação à *asserção* e à *certeza*. Muito menos providenciou ele fazer, por escrito, aquela defesa, pronunciada diante dos juízes nas duas fases em que se subdividia o processo (a discussão sobre a culpabilidade e aquela sobre a pena a ser cominada). Platão escreveu-a, personificando Sócrates. A sua *Apologia* (ou melhor, a *Autodefesa de Sócrates*) é sua primeira obra. Com toda probabilidade, reflete aquilo que Sócrates efetivamente disse; é improvável que Platão divulgasse, atribuindo ao mestre, todo um discurso de sua lavra, distante do discurso real, teria sido um gesto de arrogância incompreensível.

Na *Apologia* que Platão o faz pronunciar, Sócrates deixa claro que uma das razões principais que o haviam isolado da opinião pública tinha sido a sua *crítica da política*. E relembra os seus encontros com vários políticos, com os quais havia tentado averiguar a natureza específica do seu saber: esforço que sempre chegava à constatação da inexistência de tal saber. Desafiar com perguntas inquietantes (se a política for uma

---

* Moeda de pouco valor na Grécia antiga. (N. da T.)

ciência, poderá ela ser ensinada?) não apenas os atenienses comuns, mas os próprios detentores do saber político, isto é, os políticos que dominam as assembléias e os destinos coletivos, foi, de sua parte, o modo mais antidemagógico de projetar uma visão crítica da democrática "fábrica de consenso": com o único resultado de tornar-se malvisto perante todos os beneficiários, líderes ou gregários daquele sistema. Ao processarem-no, os seus acusadores tinham pensado em intimidá-lo (talvez não necessariamente matá-lo). Foi ele quem provocou os jurados por meio de suas palavras, que o recolocaram na posição de crítico perturbador, diante de um público e de um contexto que tinham repercussão muito mais abrangente tendo em vista os hábitos de conversação privados ou semiprivados.

No *Tratado sobre a Tolerância*, Voltaire, seguindo sua coerência com relação à convicção errada de que Atenas fosse a pátria da tolerância, não podendo ignorar o processo contra Sócrates, consola-se escrevendo assim: "Sabemos que na primeira votação [aquela sobre a culpabilidade] Sócrates obteve 220 votos favoráveis. Portanto, o tribunal dos 500 contava com 220 filósofos: é muito" (cap. VII). Por meio dessa formulação um pouco paradoxal, o filósofo-símbolo do Iluminismo propunha, talvez não sem plena consciência, um problema difícil de se evitar e que coloca seriamente em crise o princípio, acriticamente hoje aceito, segundo o qual a maioria tem razão *porque é maioria*. Coloquemos a mesma questão com as palavras de um grande jurista, Edoardo Ruffini (um dos doze professores que não juraram fidelidade ao fascismo: num total de 1.213): "Se o número [= o grande número] fosse considerado também sob o ponto de vista da minoria, como no caso de uma deliberação obtida por pequena diferença de votos", o argumento que reconhece a prova de maior sabedoria na prevalência de uma maioria estaria prejudicado.

Se 280 jurados votaram pela culpabilidade de Sócrates, 220 eram favoráveis à absolvição. São os "220 filósofos" de Voltaire. O próprio Sócrates, no segundo discurso que Platão atribuiu-lhe – aquele feito depois da sentença de culpabilidade e que visava, nesse sentido, definir a pena, ao manter a tônica da ironia – alude ao constrangimento daqueles que o condenaram devido à modesta diferença de votos. E declara a própria admiração pelo grande número de votos recebidos em seu favor: a condenação não foi um resultado inesperado para ele,

> sobretudo – disse – admiro-me do número dos votos, como foi dado a conhecer, tanto de um lado como de outro. Porque na verdade eu não imaginava que haveria uma diferença tão pequena, mas que ela seria muito maior. Ora, parece-me que, ao contrário, se esses mesmos trinta votos tivessem vindo do outro lado, eu teria sido absolvido, sem dúvida (36 A).

Vale dizer: um grande número (assumido sempre como pressuposto da justiça intrínseca de uma decisão tomada pela maioria) pode servir tanto para uma como para a outra tese. E daí?

2. O EXILADO: A VIDA ERRANTE DO CAVALEIRO XENOFONTE

Num dia daquele rigoroso inverno, ao alvorecer, ele estava escovando o cavalo. E com ele os outros do regimento. Foram atacados de surpresa pelos guerrilheiros*, que deixaram sobre o terreno vários hoplitas**. Quanto aos cavaleiros, somente três pereceram, surpreendidos enquanto dormiam.

Desde quando os Trinta estavam no poder, havia começado uma guerrilha. Seu chefe era Trasíbulo, um democrata ilustre: um veterano da democracia. Sete anos antes, quando se estava em guerra, aquele homem havia encabeçado os assim chamados Quatrocentos, e com Trasilo havia comandado

* No original "partigiano": (de *partigianeria*, traduzível por facciosidade) é aquele que luta contra os invasores de seu país, cidade ou aldeia, que participa de um grupo armado irregular contra o poder estabelecido, que toma parte em ações de guerrilha. (N. da T.)
** Na Grécia antiga era o soldado preparado da infantaria pesada, cuja armadura era composta de elmo, couraça, escudo, gravas, espada e lança. (N. da T.)

a revolta, levando consigo quase toda a frota para o ancoradouro do porto de Samos. Naquele tempo era como se duas cidades se enfrentassem, cada qual querendo ser Atenas, e a facção oligárquica caiu em poucos meses. Mas naquele momento a situação era diferente. Os Trinta estavam juntos no poder, apoiados pelos vencedores, os quais tinham até instalado uma guarnição na Acrópole e controlavam tudo. Ora, na verdade era uma luta desigual.

No início Trasíbulo havia reunido apenas setenta homens. Com essa patrulha, não superior àquela com a qual Fidel começou, colocou em crise a ditadura. Rapidamente seus homens alcançaram setecentos. Depois mil. Das ações guerrilheiras passaram às verdadeiras batalhas. Em pouco tempo os democratas ocuparam o Pireu, e de início Atenas dividiu-se em duas: os oligárquicos na cidade e os democratas no Pireu, onde não poderia faltar o apoio dos marinheiros. Xenofonte estava com os Trinta, exatamente entre as tropas mais visadas pelos guerrilheiros: a cavalaria.

Deixou-nos uma narrativa, uma crônica, poderíamos dizer talvez um diário, sobre a guerra civil na qual combateu pessoalmente pelo lado errado. Na cidade antiga, as obrigações militares eram parte privilegiada dos deveres do cidadão, o qual, no entanto, era tão cidadão quanto soldado. Sócrates havia tomado parte em várias campanhas da guerra do Peloponeso: em Potidéia (432 a.C.), em Délios (424), onde, segundo os antigos, tinha salvado a vida de Xenofonte, em Anfípolis, na quase falida campanha para a reconquista da cidade (422)[1]. Se a tradição biográfica tende a ligar algumas das experiências militares de Sócrates também à pessoa de Alcibíades, em cuja salvação Sócrates igualmente teria estado envolvido, isso não significa que se trate de invenções ou jogos combinatórios dos biógrafos. A figura do mestre que salva seus alunos não parece corresponder a um *topos*. Quanto a Xenofonte, ele pertencia, pelo censo, à classe dos cavaleiros. Portanto, era óbvio que combatesse naquele corpo militar, o qual, além de ser um corpo militar, tinha a sua própria e

---

1. D. L. II, 22-23.

específica sensibilidade política, como sabia muito bem Aristófanes, que tornou os cavaleiros protagonistas positivos, e muito oposicionistas, da mais política de suas politizadas comédias (intitulada, a propósito, de *Cavaleiros*).

1

Durante a ditadura dos Trinta, os cavaleiros foram o nervo do exército. Enquanto muitos cidadãos fugiam e a cidade se esvaziava, os cavaleiros permaneciam ali, firmes, encarregando-se inclusive de tarefas que poderíamos chamar de policialescas, ou melhor, terroristas. Xenofonte descreve ao vivo, como testemunha ocular, os comportamentos criminosos de seus soldados, como por exemplo o massacre de Elêusis. Ele não julga: descreve. No entanto, o leitor é sutilmente impelido a formar uma determinada idéia sobre as efetivas responsabilidades. É induzido a pensar que tudo dependesse de ordens promanadas do alto: principalmente por parte dos Trinta, os quais estavam acima dos hiparcos* e, depois, por parte dos próprios hiparcos, os quais distribuíam as ordens aos cavaleiros. E estes executavam. Conhecemos bem esse modo de reenviar sempre mais para o alto as responsabilidades, até chegar a um único "gênio do mal" (no caso, Crítias).

O ocorrido em Elêusis teve toda a aparência de um arrasamento. A decisão foi tomada logo depois do inesperado sucesso inicial de Trasíbulo e dos seus partidários. Os Trinta – conta Xenofonte – quiseram criar um retorno seguro para qualquer eventualidade e escolheram Elêusis. Por isso, quiseram eliminar a população civil e recorreram à encenação de um censo simulado: cada eleusiano, depois de ser registrado, devia sair da cidade através de uma porta que dava numa estrada para o mar; porém do lado de fora estavam os cavaleiros, formados em fileiras duplas, e que prendiam todos aqueles que, um a um, atravessavam aquela porta. Os prisioneiros foram todos mor-

---

* Do grego *hipárches*, na Grécia antiga era o comandante de um esquadrão de cavalaria com 512 homens (uma hiparquia). (N. da T.)

tos. Aqui Xenofonte refere-se a um breve e duro discurso de Crítias aos cavaleiros, feito no dia seguinte à macabra parada:

> Amigos! Nós instituímos uma nova ordem: para vós não menos do que para nós. Portanto, como tomaram parte nas vantagens e nos encargos, devem também dividir os riscos. Os detidos de Elêusis não têm escapatória: devem ser condenados. Assim, terão em comum conosco os mesmos medos e as mesmas esperanças.

Depois, Crítias convidou os presentes a aprovarem pelo voto aberto as suas declarações. Xenofonte comenta de modo mais do que essencial: "Os guardas espartanos estavam levantados em armas, e os cidadãos, cujos corações sentiam apenas opressão, estavam de acordo". E devido a isso, nem ao menos disse qual foi a conclusão, em números, daquela votação[2].

A batalha decisiva do conflito civil foi combatida em Muníquia. Naquele campo tombaram tanto Crítias como Cármides, filho de Glauco: um comandava de Atenas, o outro tinha o comando dos assim chamados "Dez do Pireu". Ambos eram parentes próximos de Platão. Com a morte deles a oligarquia pareceu decapitada. Mas sobreviveu. Elêusis se tornou o refúgio dos Trinta, que ali se refugiaram, enquanto na cidade (por cidade entendemos o aglomerado urbano central que quase sempre é identificado com Atenas, no local onde, juridicamente, Atenas é *toda a Ática*) sucedeu-se outro governo, dessa vez dos *dez* oligárquicos considerados "moderados". A sucessão se deu após uma votação no próprio interior do corpo cívico restrito dos Três Mil. E alguém, assinala Xenofonte, naquela ocasião disse publicamente: "Não podemos consentir que ulteriormente os Trinta destruam a cidade". Os Trinta se entrincheiraram em Elêusis, mas nem por isso a guerra civil terminou. Talvez pelas implicações internacionais: Esparta tinha uma guarnição na Acrópole, e dali a pouco Lisandro em pessoa conseguiria ser designado "harmosta" de Atenas (uma espécie de *Gauleiter*, em termos de história mais próxima de nós). Talvez porque nem mesmo os partidários democratas confiassem nesses novos padrões, que na essência deixavam tudo como era antes.

2. *HG* II, 4, 8-10.

Os números sempre querem dizer alguma coisa. Um colegiado dos *Dez* era uma maneira de fazer alusão a um retorno à normalidade, já que dez eram, na democracia, os estrategos, um para cada tribo clistênica. Portanto, era também um modo de se esclarecer que não se pretendia mais (como ameaçado inicialmente) corroer a própria raiz (as dez tribos) que deram origem à construção dos ordenamentos democráticos. Ao invés, os Trinta, quando assumiram o poder, haviam optado por *cancelar* precisamente aquele número. E agora, com o seu insólito número, deixavam claro a quem quer que fosse o caráter extraordinário e "constituinte" do seu colegiado. Ao lado dos Dez – esclarece Xenofonte – governavam os dois hiparcos e os dois comandantes da cavalaria[3]. Também isso caracterizava um retorno à tradição, se consideramos que, na normalidade democrática, o poder supremo estava nas mãos dos dez estrategos alinhados com os dois hiparcos. Xenofonte dá-nos inclusive outro detalhe, ou seja, que com o novo governo, na nova difícil situação, sobretudo plena de suspeitos, os cavaleiros dormiam, com as armas e com os cavalos, no Odeon. É outro detalhe da cotidianidade daquela campanha, vista *de dentro* da cavalaria. Em seguida, a narrativa se concentra exatamente sobre a cavalaria, mas com uma singularidade que guarda, provavelmente, o mais importante "segredo" da vida de Xenofonte. Segredo, bem entendido, para nós, mas não para seus concidadãos.

Quando fala das proezas da cavalaria, Xenofonte se refere apenas e tão somente ao nome de um dos dois hiparcos, nunca ao outro. E refere-se ao nome de Lisímaco para esclarecer que a ele se devem episódios infames, tal como assassinar friamente, numa estrada dos campos, alguns camponeses que iam para o trabalho, evidentemente porque eram suspeitos de simpatizar com os guerrilheiros de Trasíbulo. "Foi Lisímaco quem os trespassou enquanto imploravam salvação. Mas – acrescenta Xenofonte – muitos cavaleiros manifestaram o seu desacordo"[4]. De quando em quando cita também os nomes dos cavaleiros. No ataque noturno que iniciou a rebelião, afirma

3. *Idem*, II, 4, 24.
4. *Idem*, II, 4, 26.

ter morrido um cavaleiro de nome Nicóstrato, apelidado "o belo"⁵. Aqui diz que, em represália ao extermínio executado por Lisímaco, aqueles do Pireu prepararam uma emboscada para um cavaleiro da tribo Leontides, Calístrato, e puseram-no para fora. Em suma, não só é evidente que Xenofonte tomou parte nas ações da cavalaria, primeiro com os Trinta e depois com os Dez, mas foi ele provavelmente quem, com os Dez, recuperou o papel de hiparco. É lícito pensar-se que o hiparco, de quem não pronuncia jamais o nome, seja ele próprio, Xenofonte. O qual dedicou um tratado sobre os deveres e as tarefas do comandante da cavalaria, *O Hiparco*. Essa militância característica, se foi desenvolvida numa posição tão eminente, foi plena de conseqüências: marcou toda a vida do socrático Xenofonte.

A guerra civil acabou depois de alguns meses, com a vitória de Trasíbulo, propiciada pelo rei espartano Pausânias que resolveu, assim, afrontar também o superpoder de Lisandro. Mais uma vez a palavra decisiva tinha a ver com a política externa. Foi imposto um tratado de pacificação ("anistia") às partes em luta, numa tentativa de se renunciar às perseguições judiciárias, maneira pela qual, normalmente, os conflitos civis prosseguiam sob outra forma. *Salvo, naturalmente, os crimes de sangue:* "Se alguém matou outro com as próprias mãos ou o feriu". Essas exatas palavras do acordo, nós as conhecemos através de Aristóteles, que as cita no seu perfil da história constitucional de Atenas (*Constituição de Atenas*, 39). Aristóteles transcreve o texto do acordo, incluindo a famosa frase usada posteriormente em todas as proclamações de anistia: "Não guardaremos na memória os males sofridos". No entanto, Xenofonte não diz nada disso: e sobretudo não diz que os crimes de sangue estavam excluídos da anistia. Dos termos do acordo interessa-lhe em particular recordar a cláusula que reservava imparcialmente aos sobreviventes dos Trinta e dos Dez a possibilidade de ficar, sem serem perturbados, em Elêusis. Lembramos tudo isso para melhor compreender como prossegue esse acontecimento.

---

5. *Idem*, II, 4, 6.

2

Xenofonte assiste Trasíbulo subir a Acrópole, seguido, embora ameaçadoramente, pelos seus homens em armas: numa parada militar dos guerrilheiros que se tornaram, graças ao acordo de pacificação, as forças armadas legais da cidade. Conta as suas palavras duras e não de todo confiáveis. (Foi só o que ele lembrou). Trasíbulo disse abertamente, naquele discurso, zombando dos seus adversários vencidos, que seus ex-amigos espartanos tinham-no abandonado no tronco, "deixando-o como presa do povo que tinha sofrido as suas injustiças", e fez ainda uma comparação entre os espartanos que abandonavam seus servos oligárquicos e os patrões que põem na corrente os cães raivosos[6]. Em suma, um discurso que não deixava pressentir nada de bom. Não por acaso Xenofonte dedica-lhe tanto espaço. Ele tem também o mérito de não se meter a reescrever com maior ou menor fantasia os discursos dos protagonistas: diz, com brevidade, aquilo que efetivamente expressaram. Isso também faz parte da sua *crônica*. No caso do discurso de Trasíbulo, Xenofonte escolheu referir-se pontualmente ao trecho mais importante, na sua opinião: aquele que dá a entender, para além das palavras de pura conveniência (parafraseadas rapidamente por Xenofonte), que os vencedores consideravam os adversários vencidos como uma presa em suas mãos. Isso é colocado em grande evidência porque tem a ver com a sucessiva opção de vida de Xenofonte, da qual logo falaremos.

Xenofonte completa sua narrativa com um episódio que, colocado logo em seguida ao discurso de Trasíbulo, é mais eloqüente do que qualquer comentário:

> Tempos depois [assim escreve] propaga-se o rumor de que aqueles de Elêusis [os oligárquicos que haviam obtido a permissão de ali ficar sem perturbação] negociavam mercenários. Marcharam, então, em massa contra eles [o sujeito não está expresso e é óbvio pensar-se numa referência direta aos homens de Trasíbulo]: os chefes que tinham vindo para uma conversa, assassinaram-nos, os demais foram induzidos outra vez a se pacificarem, fazendo-se intervir amigos e parentes. Depois juraram não alimentar o ódio, e hoje ainda o povo mantém a fé nos juramentos[7].

6. *Idem*, II, 4, 41.
7. *Idem*, II, 4, 43.

É uma cena repugnante aquela da emboscada – contada com a síntese habitual –, que retornará rápido, inesperadamente, numa nova encenação, na experiência de Xenofonte. Aqui – no final da crônica – há um truque narrativo. Por trás daquele nexo genérico de "tempos depois" há, na realidade, um intervalo de quase três anos. Xenofonte faz parecer, ao contrário, com sua narração sintética, que o imprevisto ataque "democrático" de Elêusis figure quase como uma conseqüência imediata das palavras de Trasíbulo vencedor. Aristóteles, ao contrário, ao narrar esse fato, fornece a data exata do ataque: "no terceiro ano após terem ido embora", portanto, em 401-400. Em compensação Aristóteles é evasivo quanto ao conteúdo do fato: diz elegantemente que "no terceiro ano após eles terem ido embora [retiraram-se para Elêusis], *reconciliaram-se* também com aqueles que haviam-se transferido para Elêusis!"[8] É difícil encontrar expressão mais despudorada. A emboscada e o massacre à traição dos chefes desaparece por completo, e seraficamente se coloca em palavras somente o acordo (sucessivo ao ataque). Resumindo, Xenofonte diz o fato, na sua crueza, mas falseia a cronologia; Aristóteles dá a data mas esconde (ou melhor, a sua fonte) o infamante episódio. É de notar-se que, quanto à anistia, Xenofonte lembra-se dela somente aqui, não onde efetivamente deveria fazê-lo, isto é, como conclusão da "pacificação" feita dois anos antes.

Por quê? Xenofonte tem que harmonizar um pouco as contas. O fato mais importante de sua vida, aquele que deu origem ao seu mais belo livro, *Anábase*, é a sua fuga de Atenas próxima ao momento do ataque de Elêusis. Fuga, bem entendido, no caso é uma palavra forte demais. Ele conta as coisas assim. Um velho amigo seu, tebano, de nome Próxeno, trabalhava para Ciro, o jovem, irmão menor do novo rei da Pérsia, Artaxerxes. Um dia escreveu-lhe uma carta pedindo-lhe que se unisse ao corpo de expedicionários que Ciro estava preparando[9]. Xenofonte mostrou a carta a Sócrates, pedindo conselho. A presença de Sócrates em sua vida, inclusive privada, naquele momento, ainda era tal que, para uma decisão

---

8. *Constituição de Atenas*, 40, 4.
9. *Anábase* III, 1, 4.

do gênero, Xenofonte obedecia-o como a um chefe. Sócrates aconselhou-o com uma argumentação política: poderia causar suspeitas na cidade – assim lhe disse – tornar-se amigo de Ciro, visto que Ciro havia, notoriamente, ajudado os espartanos na guerra contra Atenas. Se se considerar que, naquele momento, no entanto, Atenas era, apesar da queda dos Trinta, "amiga e aliada" de Esparta, esse raciocínio, à primeira vista, não tem muito sentido. Mas faz sentido se subentendermos que Xenofonte já se tinha exposto como "filoespartano" durante a guerra civil (isto é, como aliado fiel da oligarquia), *e mesmo que já estivesse muito exposto devido àquele seu recente "incidente"*, ao embarcar com o séquito de Ciro ele haveria de agravar sua posição de pessoa "suspeita" aos olhos da cidade. O que se seguiu é bem conhecido. Sócrates sugeriu a Xenofonte que consultasse o deus de Delfos, o oráculo, para perguntar-lhe se deveria partir ou não. Xenofonte recorreu a Delfos, mas colocou ao deus outra questão: a quais deuses oferecer sacrifícios para ter uma boa viagem e um feliz retorno. Tema sobre o qual Apolo respondeu, pontualmente. Sócrates não ficou nada contente pela desobediência do aluno, observando-lhe que a pergunta a ser feita ao deus era outra, "portanto, – concluiu – faça aquilo que o deus te disse"[10].

Eis porque, na realidade, é justo falar em "fuga". Seja como for, Xenofonte quis ir-se embora, não obstante estivesse muito vagamente (e como descobri depois, enganosamente) informado sobre o objetivo da viagem, e mesmo à custa de desgostar Sócrates (que ao que parece tinha tentado demovê-lo ao lhe propor o problema).

Decidiu ir embora, de qualquer forma, porque achava não estar seguro em Atenas? É a hipótese mais provável. Retomemos os indícios reunidos até aqui lendo o seu "Diário da Cavalaria dos Trinta". 1) Não militou somente naquela corporação militar particularmente comprometida com os Trinta (ainda que, estranhamente, não o diga), mas com toda a certeza foi hiparco durante os Dez. 2) Os cavaleiros executaram, seja com ate-

10. *Idem*, III, 1, 7.

nuantes ("eram ordens!") e os "distinguo" ("foi Lisímaco quem assassinou os camponeses"), verdadeiros crimes, que Xenofonte não se preocupa em esclarecer; num caso como o massacre de Elêusis, todos estiveram envolvidos e, não por acaso, Xenofonte se refere às palavras de Crítias, após o massacre recém-executado, concentradas exatamente nesse foco: "era necessário comprometer-vos". 3) Nesse ponto é muito suspeito o silêncio de Xenofonte sobre a cláusula contida no ato de pacificação de 403 que excluía da anistia os crimes de sangue. Aquela cláusula implicava que os cavaleiros não poderiam ficar assim tão tranqüilos: seriam conduzidos ao tribunal pelo menos os chefes! 4) E, no entanto, é suspeito que coloque a própria cláusula da anistia depois da emboscada em Elêusis feita aos chefes oligárquicos, sob o pretexto de que eles "recrutavam mercenários". (Nesse caso, ele também foi recrutado entre os mercenários que Próxeno, o tebano, arranjava para Ciro.) Desse modo, é sugerido – ao leitor contemporâneo mais do que aos pósteros longínquos – que Xenofonte foi embora porque lhe faltava em Atenas a tranqüilidade mínima, indispensável, garantida pela anistia. (Anistia que, no entanto, comportava aquelas significativas exceções sobre as quais Xenofonte preferiu calar-se.) Ao contrário, o clima do qual ele pensava livrar-se fugindo é aquele caracterizado pela duríssima proclamação de Trasíbulo, por ele pontualmente referida. 5) À luz de todas essas implicações pessoais, ora latentes, ora explícitas, a narrativa de Xenofonte sobre a guerra civil, e sobretudo do seu êxito, parece muito polêmica e habilmente apologética. A emboscada de Elêusis denigre seriamente a imagem da renascida democracia (que em 399 levará Sócrates ao tribunal e o matará), é um episódio que outros preferiam ocultar (as fontes de Aristóteles): para Xenofonte, é a conclusão de todo aquele acontecimento. 6) Mas por que tanto cuidado em construir, desse modo, uma hábil narrativa? Nisso há um nítido distanciamento de Crítias, há um constante esclarecimento das responsabilidades individuais e, elemento que não é secundário, o que existe é uma crua representação da sede de vingança dos vencedores. Uma hábil reconstrução, reconstruída de tal forma, tem como finalidade, evidentemente, a exata defesa da própria conduta.

Não havia, portanto, muitas esperanças, da parte de Xenofonte, em livrar-se de uma prestação de contas judiciária. De resto, Sócrates, que como de hábito ficou na cidade, morreu como sabemos. Era só questão de tempo: ele devia considerar-se feliz por não ter acabado, como os outros chefes oligárquicos, na emboscada que depois sumiu das crônicas atenienses. Por isso partiu. Ali, abriu-se diante dele um novo mundo. Um mundo muito maior em termos geográficos: espaço, multidões de homens, estradas, montanhas, outros costumes, linguagens jamais ouvidas. E ele permaneceu vinculado psicologicamente, como seus homens, à sua superioridade de grego entre os bárbaros, e uma vez tendo retonardo à Grécia, depois de anos, voltou a praticar o pensamento da política em termos tradicionais, como se a experiência do mundo tivesse sido, para ele, apenas um parêntesis. Já velho, no seu último tratado, intitulado *Recursos,* esforçar-se-á para propor uma solução aos problemas financeiros da Ática. Todavia, como veremos, aquela experiência havia deixado uma marca.

3

Durante a longa aventura na Ásia, quando se lançou com as tropas de Ciro até o coração da Mesopotâmia, e depois quando retornou, na interminável e tortuosa retirada, a sua cidade acompanhou-o como uma sombra. Esse estado de ânimo provavelmente é comum ao mundo dos mercenários, e, para todos os efeitos, foi isso que se tornou Xenofonte, rapidamente: na verdade um chefe deles após o ataque arquitetado pelo sátrapa Tissafernes (de quem falaremos). Cada um deles comportou-se, na longa marcha que os levou do Eufrates ao Mar Negro e depois à Europa, como se fizesse parte das cidades de origem, com as suas rivalidades e ciúmes. Mas no caso de Xenofonte essa sombra tinha um efeito mais sinistro. É claro que ele jamais o diz abertamente, porém algumas vezes ele se trai no *Anábase.* No quinto livro, ele inicia de maneira bela uma digressão com estas palavras: "Quando, pois, Xenofonte [ele fala sempre de si próprio na terceira pessoa, como o fará Júlio Cesar nos *Comentários*] foi para o exílio etc."[11]. Mas o leitor jamais *suspeitou*, até aquele ponto, que o narrador, depois da aventura asiática, iniciada contra o conselho de Sócrates, tinha também sido exilado. E, muito depois, quando a marcha já havia terminado há algum tempo, bem como também terminara a extravagante aventura a serviço do desconhecido Seutes, rei de uma pequena tribo trácia, Xenofonte – que, enquanto narrador e protagonista ao mesmo tempo, sabe muito bem que *não* retornou mais a Atenas – declara que já tinha decidido voltar à pátria (visto que não havia mais pretextos para ser soldado de ocasião), e explica, como se o leitor estivesse informado: "De fato, naquele momento não tinha ainda sido colocada em votação, em Atenas, a proposta de condená-lo ao exílio"[12]. Mas de repente ele se deixa novamente convencer a não voltar: sinal de que, nesse ínterim, houve a tal votação para o seu exílio. As portas da cidade foram fechadas para ele. E ele passou permanentemente a prestar serviço aos generais espartanos na Ásia. Sócrates, portanto, não tinha se enganado na sua previsão, no diálogo que tiveram antes da partida, quando ele tinha previsto uma conseqüência "espartana" para a aventura na Ásia.

Aquela pequena frase ("não havia ainda sido colocada em votação etc.") é um indício precioso que nos faz entender muitas coisas. Em primeiro lugar, dá-nos a entender que, dali a pouco, naquela primavera de 399 quando Xenofonte decidiu não mais retornar a Atenas, afinal fez-se a votação: e Xenofonte foi condenado ao exílio. Não se pode fugir dessa coincidência. Nessas mesmas semanas realizou-se o processo contra Sócrates. (Sete anos depois Xenofonte escreverá um opúsculo sobre a morte de Sócrates, a assim chamada *Apologia*, na qual recordará com pesar, que, naquele momento, ele não estava em Atenas: não estava porque, desobedecendo ao mestre, tinha decidido ir embora). Em segundo lugar, há um indício psicológico notável: é o pensamento latente, a preocupação secreta que reemerge muito bem expressa nas palavras "não ainda", que denotam o quanto aquela decisão adversa era

---

11. *Idem*, V, 3, 7.
12. *Idem*, VII, 7, 57.

temida e aguardada como inevitável. Mas, sobretudo, e esta é talvez a dedução mais inquietante que aquelas palavras sugerem, levanta-se um indício, e até mais do que um indício, sobre as razões da condenação. Mais propriamente uma condenação ao exílio. E a pena do exílio destinava-se aos crimes de sangue (na ausência do imputado, a pena tornava-se obrigatoriamente aquela). Não era, portanto, o "pseudo-exílio", como o chamam os juristas modernos, entendendo-se como auto-exilado da comunidade aquele cidadão que não comparece durante o processo, mas nesse caso era um real e verdadeiro exílio, "votado" enquanto pena específica para aquele tipo de crime, o qual nem mesmo o ato de pacificação de 403 havia conseguido anular. Não por acaso Xenofonte, na sua crônica do governo dos Trinta, havia omitido exatamente aquela cláusula, a qual o atingia direta e pessoalmente, devido a alguma coisa que talvez ignoremos mas que estava no fundo daquela escolha de ir-se embora, de deixar para trás para sempre as marcas intermináveis da guerra civil.

Ou, pelo menos, ele tinha a ilusão de que pudesse ser assim. Mas não foi. No início, a campanha contra o Grande Rei, desvelada pouco a pouco nos seus verdadeiros objetivos, catalisou-lhe as atenções e as energias. E o ponto máximo da tensão chegou na grande batalha campal de Cunaxa, já no outono de 401, a dois passos da moderna Bagdá, um pouco ao norte da Babilônia, no lugar em que os dois rios da Mesopotâmia se encontram um com o outro, formando um longo corredor de vários quilômetros, no coração do deserto. A frente da batalha era tão vasta, que de um ponto do batalhão ignorava-se o que acontecia quilômetros adiante. Os mercenários gregos, e Xenofonte com eles, comandados pelo rude Clearco, exilado espartano que tinha algumas condenações à pena de morte nas costas, cobriram-se de glória, como se costuma dizer, e retornaram ao campo convencidos de terem vencido. Somente na manhã seguinte perceberam que tinham perdido. E começou então, de fato, a sua odisséia. (Em Xenofonte, enquanto protagonista da *Anábase*, há um processo de identificação com Odisseu: e a *Odisséia* é o modelo de todos os romances, aqui incluídos aqueles históricos). Na verdade, à tarde e depois à noite, no campo, à medida que o tempo passava e que em vão esperavam Ciro, o jovem aspirante a quem estavam seguindo, uma estranha inquietude começou a insinuar-se por entre as tendas e as fogueiras. De madrugada decidiram ir procurá-lo. Mas não foi necessário. Alguns homens vieram ao encontro deles para anunciar que Ciro tinha morrrido, morto em batalha, e que os seus persas tinham-no traído. A respeito de suas concubinas, aquela dita "a bela e sábia" foi presa, a outra, Milésia, fugiu nua da tenda e foi salva graças a alguns gregos[13].

Pouco depois alcançaram os mensageiros do Grande Rei e do poderoso Tissafernes, o sátrapo que há alguns anos vinha controlando a política grega, jogando espartanos e atenienses uns contra os outros como pedras de tabuleiro de xadrez. Os vencedores ditavam as condições: apresentar-se a Tissafernes e entregar as armas. Os vencidos, não conseguindo ainda aceitar tal situação, recalcitravam. Um grego a serviço dos persas, que também era intérprete para os mensageiros do Rei, distinguia-se pela arrogância. Xenofonte afrontou-o com um argumento: não temos mais nada a não ser as armas e o nosso valor; sem armas nem sequer o valor nos é dado demonstrar-vos; com as armas, os papéis entre nós e vós podem inverter-se. Falinos explodiu em riso e iniciou sua réplica sarcástica com as palavras: "Rapazinho, pareces mesmo um filósofo!"[14]. Referimo-nos apenas a uma parte, embora muito significativa, de um longo diálogo entre opressores e vítimas, que talvez faça remissão ao célebre diálogo de Tucídides entre melienses e atenienses, cuja situação é análoga. No meio do diálogo, Xenofonte usa as próprias palavras e faz-se identificar com a réplica "Pareces um filósofo!". Provavelmente não se apresenta com o próprio nome, ainda que, nessa passagem, alguns bons manuscritos tragam o seu nome ("então Xenofonte, o ateniense, disse"). Mesmo assim, nesse caso dever-se-á dar razão a manuscritos menos prestigiados que trazem "Teopompo" no lugar de Xenofonte. Alguns ainda escolhem uma via intermediária: "Então Xenofonte, também chamado Teopompo, disse". Em suma, o mais provável é que também

---

13. *Idem*, I, 10, 2-3.
14. *Idem*, II, 1, 12-13.

aqui Xenofonte tenha preferido jogar com a própria identidade recorrendo a nomes falsos. O próprio *Anábase* foi colocado em circulação sob falso nome (assinou "Temistógenes de Siracusa"), entre outras coisas para poder falar de si livremente, e quem sabe confundir outros que quisessem narrar esses mesmos acontecimentos. É quase certo que no diálogo com Falinos o nome de Xenofonte não tenha claramente sido dito, mas só sugerido como um nome interessante e de maior destaque, no caso da réplica "pareces um filósofo". Com relação ao diálogo com Falinos, pode ter ocorrido a vontade de fazer Xenofonte entrar em cena só mais tarde, com a função de "salvador", no início do livro terceiro. Em alguns casos, poderia parecer um jogo. Por exemplo, o navarco que nas *Helênicas* chama-se "Samio", no *Anábase* torna-se "Pitágoras".

Porém, o recurso aos falsos nomes tem um valor mais concreto, ligado essencialmente à vivência humana e política de Xenofonte. Por todo um período de sua vida, durante o qual se encontrava na condição de exilado, Xenofonte difundiu aquilo que escrevia (certamente para um público "pan-helênico", mas em primeiro lugar para os atenienses) sob nome falso. A crônica da guerra civil, muito provavelmente, circulou como sendo de Cratipo. O *Anábase* como sendo de Temistógenes[15]. Para um exilado esse modo de proceder era quase obrigatório. Toda obra de Xenofonte é dominada pelo acontecimento traumático do exílio. O anonimato mais ou menos transparente (desvelado só muito mais tarde, quando sua situação pessoal mudou) proporciona-lhe também uma sutil e infatigável obra de auto-defesa. E aquilo que Xenofonte escreve, na crônica da guerra civil e no *Anábase*, tem antes de mais nada essa finalidade.

Podem-se elaborar os mais variados raciocínios sobre as razões que podem ter induzido Xenofonte a escolher para si, naquela parte do *Anábase* que precede a sua verdadeira en-

---

15. E quanto aos *Memoráveis*, eles circularam como mero registro de conversações que Sócrates teve ou que Xenofonte pretendia que o mestre tivesse tido, do mesmo modo que fez com os diálogos socráticos entre outros freqüentadores do mestre, como Simone e Críton. Portanto, seria mais "obra" de Sócrates que a daqueles que transcreveram o seu pensamento. Diógenes Laércio, na *Vida dos Filósofos* (II, 48), também entende assim.

trada em cena como protagonista, um pseudônimo como "Teopompo", palavra que, se interpretada no seu significado literal, é muito pretensiosa: "enviado por deus", "dono de deus", ou similares. Uma alusão, provavelmente, ao papel que Xenofonte teve (ou pretendeu ter) na salvação daqueles homens que se encontravam de repente à mercê de um inimigo infinitamente mais forte e certamente nada inclinado à delicadeza. De qualquer modo, aquela intervenção, que tanto provocou Falinos, não surtiu efeito. Depois de intermináveis oscilações e um início de retirada com os persas às costas, Clearco e os demais chefes dos mercenários aceitaram encontrar Tissafernes nas condições por ele propostas. Foram capturados à traição e massacrados. Xenofonte revive então a mesma cena com a qual quis concluir o seu relato da guerra civil: um ataque no qual seus companheiros aceitavam uma conversação e eram presos à traição e massacrados. Em Atenas, por obra do "povo soberano" e dos seus líderes, na Pérsia por obra do mais temível dos sátrapas do Grande Rei, o tal Tissafernes que em outro tempo havia também brincado com a vida de Alcibíades.

4

Foi então que Xenofonte retomou as armas. Na sua narrativa, tudo parece dever-se a ele, à sua iniciativa de convocar, como acontecia na *Ilíada*, um conselho noturno, assim como sua proposta corajosa de nomear novos chefes (um dos quais será ele próprio), subordinados porém, mais uma vez, a um espartano: aquele Quirisofo que, durante o longo tempo da célebre retirada terá o lugar e o papel do desafortunado Clearco. Nos anos da indiscutível hegemonia espartana, decênio breve e feroz, a primazia sempre foi reconhecida ao espartano: mesmo no interior de uma turba de fugitivos em retirada, milhares de quilômetros longe da mãe pátria, esta era a espécie de homens a cuja salvação Xenofonte consagrou-se. Começou então o *retorno* (*nostos*). Um retorno lento, tortuoso, perigoso, no qual Xenofonte viu de tudo, como já havia acontecido a Odisseu, o herói que, segundo Homero, "de muitos homens viu as cidades e conheceu a índole". Viu espaços intermináveis e montanhas intransponíveis, bem como populações desconhecidas, sempre hostis. Por fim, viu os bárbaros em total subversão, perdidos entre as montanhas do Cáucaso, os mossinences, que fazem em público o que os outros fazem na privacidade. E contou sua viagem num livro, o *Anábase*, que foi uma das leituras de Alexandre Magno, no qual indicou e descreveu a estrada que levava ao coração do império persa. Não deveria ser subestimada a importância científica, além de militar, daquele livro. Foi uma experiência que o aproximou de Heródoto (o qual não soube extrair um ensinamento filosófico sumamente tolerante). Mas sobretudo de Odisseu, o herói que não queria voltar, o herói sempre em viagem e sempre longe de casa que, no entanto, dizia desejar. O herói que, no fim da *Odisséia* – quando tinha acabado de voltar – prevê que retomará a viagem, e que Dante imagina estar impulsionado por um "ardente desejo" de conhecimento mais forte do que qualquer outro afeto, e com tal ímpeto que o leva, já "velho e depauperado", a enfrentar a última viagem. Como Odisseu, Xenofonte encontrou continuamente, durante o retorno, motivos para não voltar, e iludiu-se. Chegou a divagar com a idéia de fundar colônias gregas no Mar Negro, e como Odisseu, por causa dessa sua relutância em retornar, sofreu até mesmo o ódio de seus homens, que não obstante deviam-lhe muito. Eles não conheciam o seu segredo: aquele segredo revelado de través, quase no fim da narrativa, na breve referência à iminente votação de condenação ao exílio que pesava sobre ele em Atenas.

Porém não foi preciso muito para convencê-lo, terminada a aventura dos "Dez Mil", a envolver-se com um punhado de homens que, orgulhosamente, continuaram a chamar-se "os cireus" (aqueles de Ciro), a serviço dos comandantes espartanos. Desde logo, Esparta abria diretamente as hostilidades na Ásia, depois da derrota de Ciro, cuja empreitada havia visto com simpatia e que talvez lhe fosse favorável. Para Xenofonte, agora um apátrida, aquela se tornou a sua guerra. Também dessa experiência deixou um diário: são os livros III e IV da obra que depois se chamou *História Grega* (*Hellenikà*). Dessa forma, sabemos quais comandantes conheceu; como iniciou a amizade com Agesilau, o rei espartano que antecipou, sem sucesso, o projeto de Alexandre contra a Pérsia; como em seguida retornou à Grécia e viu-se envolvido em Coronéia, na Beócia, numa batalha na qual os atenienses lutavam no fronte oposto (394 a.C.). Situação não insólita para um exilado.

Por maior que fosse o seu prestígio em Esparta, questiona-se a doação que lhe foi feita: um terreno nos arredores de Olímpia, na Élida, região sob autoridade espartana, numa localidade chamada Squilunte (onde anos atrás os arqueólogos sustentam haver encontrado os restos de sua casa). Uma concessão do gênero não era somente um prêmio para um soldado fiel e amigo, era como uma aceitação formal na comunidade espartana. De fato, quando derrotada Leuctras pelos tebanos (371 a.C.), Esparta perdeu a Élida e outras áreas do Peloponeso, Xenofonte teve que fugir do país, como outros espartanos: perdeu aquele "paraíso" que ele descreveu numa página muito estudada do *Anábase*[16] e se refugiou em Corinto. Dez anos depois (362 a.C.), seus filhos, que "tinham sido educados em Esparta", como atesta Díocles em *Vidas dos Filósofos,* combatiam na Mantinéia, na cavalaria ateniense. Isso significa que o exílio tinha cessado. E as honras póstumas prestadas a Grilos, seu filho tombado naquela batalha, honras particularmente solenes e reiteradas, "para render homenagem ao pai", como escreveu Aristóteles, que tinha vinte anos quando tudo isso ocorreu, são uma confirmação posterior da reconquista, por Xenofonte, da plenitude de seus direitos de cidadão ateniense. Porém, não parece que tenha retornado com estabilidade para Atenas.

5

Com as suas obras ele havia entretecido um diálogo à distância com outro socrático que punha o mestre no centro de seus diálogos, Platão. Um áspero diálogo que não escapou aos estudiosos antigos[17]. O terreno da disputa era, como de sólito entre os socráticos, a teoria política, procurando-se a

---

16. *Idem*, V, 3, 7-13.
17. Gélio, *Noites Áticas*, XIV, 3; Ateneu 505 A.

"melhor" forma político-estatal. Ao modelo platônico culminante na idéia dos filósofos-governantes, Xenofonte opõe, por meio da *Ciropédia*, a idéia do monarca "educado" de modo completo (incluída a filosofia), e o exemplo por ele proposto, idealizado ao máximo, é exatamente aquele de Ciro, o Grande. Já para os críticos antigos não escapou a estocada que Platão dirige a tal modelo: está nas *Leis,* obra da exrema velhice, a única em que não consta mais Sócrates entre os interlocutores. Ali, Platão faz o interlocutor denominado "o ateniense" dizer que, certamente, Ciro "foi um general hábil e patriótico", mas que "não tenha sido nem sequer tocado por uma educação digna de ser considerada como tal"[18]. De sua parte, nos *Memoráveis*, Xenofonte havia contestado – considerando-o longe da realidade – o Sócrates dos diálogos platônicos que dissertava sobre geometria[19]. Mas a rivalidade deveria comportar também antipatias pessoais. Não entenderemos de outra forma a fúria com que Xenofonte traça o perfil não apenas negativo, mas poder-se-ia dizer repugnante, de Mênon quando, no *Anábase*, fala dos chefes mercenários capturados à traição por Tissafernes[20]. Aquele Mênon é, certamente, o personagem com o qual Platão intitulou o diálogo homônimo *Mênon ou Da virtude*, que foi apresentado por Platão com extrema benevolência. Naquele diálogo, Mênon não apresenta nenhuma das péssimas maneiras que Platão costuma atribuir aos sofistas: ao contrário, no fim do diálogo ele se coloca frente a Sócrates, sempre amigável, quase que como aluno. A aspereza de Xenofonte terá, talvez, que ser vinculada à rivalidade interna do grupo dos socráticos, que se tornou ainda mais complicada e venenosa com a guerra civil e pelo papel que cada um nela desempenhou. Mas tudo foi posteriormente exacerbado pela suspeita que recaiu sobre Mênon de ter sido ele quem traiu os demais chefes na ilusão de cair nas graças de Tissafernes. Portanto, é lícito perguntar-se como Mênon, natural de Larissa na Tessália e atuante, como se sabe, como

---

18. Platão, *Leis* 694 C-D.
19. *Memoráveis* I, 1, 11.
20. *Anábase,* II, 6, 21-29.

capitão de mercenários, tenha sido assumido por Platão como interlocutor de Sócrates, e, para completar, sobre o mais complicado dos problemas: a natureza daquilo que definimos como "virtude" e a possibilidade de ensiná-la. Muitos elementos nos escapam, mas decerto não podemos nos esquecer, ao nos envolvermos com esse enigma, de que ainda existe um fator desfavorável a Xenofonte: o desprezo por aqueles que haviam deixado a cidade para embarcar com Clearco e Ciro, definidos por Isócrates, que seguramente tinha em mira Xenofonte, como "a gentalha de todas as cidades".

De qualquer forma, a polaridade entre os dois grandes socráticos parece centrar-se nas questões, sempre em aberto, em torno da "melhor forma de governo": questão que em tempos de convulsões exasperadas, tais como aquelas que os dois viveram, é reproposta mais como problema prático do que especulativo. Não esqueçamos que ambos, tanto Platão como Xenofonte, acreditaram em Crítias e na sua experiência. Platão diz ter logo se retratado, quando viu que perseguiam ou ameaçavam perseguir também a Sócrates. Xenofonte viveu aquela experiência até o fim e sofreu suas conseqüências numa grande parte de sua vida. Platão continuou a sonhar com os filósofos-governantes (também Crítias e os seus tinham a ilusão desses filósofos). Xenofonte, talvez também em função de sua experiência direta tanto com a monarquia persa quanto com a monarquia espartana, retomou e relançou com entusiasmo em sua obra-prima, a *Ciropédia,* o ideal monárquico: aquele do "bom rei" entronizado (e por isso mesmo não mais "tirano") à testa de uma *elite* de "iguais", identificados às vezes com os persas "puro sangue" da antiga Pérsia, onde Ciro foi elevado, entre outros, aos "iguais" de Esparta. Ambos viram a decadência daqueles mundos, e, não obstante, Platão foi além ao prever ou intuir, apesar de consciente das imperfeições de qualquer modelo, as formas políticas que seriam consagradas no novo século, aberto dali a pouco através da conquista macedônia do Oriente.

3. PLATÃO E A REFORMA DA POLÍTICA

Com relação a Xenofonte, Platão era mais jovem pelo menos uma dezena de anos. Se, em Délios (424 a.C.), o então juveníssimo Xenofonte foi salvo pelo seu mestre[1] (o qual, na derrota ateniense soube manter o sangue frio), isso significa ter nascido pelo menos vinte anos antes. Portanto, Xenofonte tinha visto a grande guerra com Esparta desde o início e, quando zarpou para a Ásia, tinha já uns quarenta anos. Platão, no entanto, nasceu no ano em que Péricles morreu de peste (430-429 a.C.) ou talvez um ano depois[2]. Tinha apenas quinze anos quando a cidade foi convulsionada pela mutilação das hermas: aquele misterioso atentado que visava aterrorizar o povo, propenso à conquista da Sicília. Esse atentado ficou impune, pelo menos no que tange aos verdadeiros responsáveis, e em cuja esteira de ódio e de tramas obscuras desaguou, alguns anos depois, no golpe de Estado. Aquele acontecimento, amadure-

---

1. D. L. II, 22.
2. *Idem*, III, 3.

cido nos ambientes aos quais Platão pertencia por nascimento, marcou os seus princípios. Pessoas muito próximas a ele foram atingidas pela repressão. Fedro estava entre aqueles cujos bens foram confiscados pela onda de processos que se seguiram àquela provocação. Num diálogo juvenil, endereçado ao filho de Pisístrato, *Hiparco*, Platão quis recordar aquelas hermas que o próprio filho do tirano havia colocado em todas as estradas da Ática e na ágora*. Dois anos depois, espectador assustado, presenciou a maior tragédia de sua cidade: a perda de toda a frota e de milhares de homens adultos, que eram o esteio da cidadania, sob o golpe dos siracusanos. Pela primeira vez, então, Siracusa impôs-se à sua fantasia. Não era mais a cidade interessante e remota do Ocidente, cujo destino, ao menos no tempo das guerras persas, tinha eventualmente se entrelaçado com aquele da pátria-mãe: já era a nova grande potência, a primeira que se tinha revelado capaz de derrotar Atenas no mar.

1

Um de seus parentes mais em evidência na cena política era Crítias. Porém não apenas no cenário político. Também no cenário teatral: o lugar mais importante da comunicação em massa em Atenas, ao lado da assembléia, porém talvez mais cheio e freqüentado. Desde logo, na assembléia reinava certo absenteísmo, nas grandes ocasiões chegava-se a cinco mil pessoas, porém na *rotina* muito menos. Com relação ao teatro, numa ocasião Platão falou em trinta mil espectadores (*Banquete*, 175 E). Ali era forjada a consciência da cidade por meio de uma forma de arte certamente controlada pelo Estado, mas por intermédio da qual se expressavam também, e sempre mais nos anos críticos da juventude de Platão, autores que sutilmente, precisamente por meio do teatro, punham em discussão os fundamentos da cidade. Crítias era um deles, bem como um seu camarada, Eurípides. Eles intercambiavam as suas tra-

---

* Praça das antigas cidades gregas onde se fazia o mercado e onde se reuniam as assembléias do povo. (N. da T.)

gédias, se necessário um levava à cena aquela do outro. Tratava-se de instruir o coro e os atores, e quem o fazia podia também figurar como autor, e quase sempre o era. Razão pela qual na seqüência grupos de tragédia, inclusive tetralogias completas, vinham denominadas como "de Eurípides ou de Crítias"[3]. Em muitos casos, ter-se-á tratado do fruto de elaboração conjunta. Nada mais óbvio, nesse trabalho de grande artesanato que é o teatro. Desde sempre o autor de teatro fez-se ajudar, como outros artesãos, por aprendizes que depois ocuparão o seu lugar, e mesmo os atores envolviam-se na elaboração. Não só no teatro antigo. Em nossa época, o final concebido por Kubrick no seu filme mais importante (*Horizontes de Glória*, 1957), o final foi aquele desejado pelo seu incomparável intérprete. Entre Eurípides e Crítia havia qualquer coisa a mais: uma proximidade intelectual que faz pensar na contribuição de Elizabeth Hauptmann ou de Helene Weigel para a dramaturgia de Brecht.

Do *Sísifo*, de Crítias, temos um amplo fragmento. Ele nos faz compreender porque o "sofista" Crítias dividiu com Eurípides a acusação de ateísmo, sempre imputada a ambos. Essa obra narrava o tempo muito remoto no qual a vida humana não tinha ordem, era escrava da força, quando ocorria, de fato, que "o homem é lobo do homem"; e explicava o nascimento das leis como corretivo, infelizmente imperfeito e ineficaz ("as pessoas faziam o mal às escondidas"); daí que, no final, "um homem sensato e sábio inventou, para os seres humanos, o temor dos deuses", único remédio[4]. Esse teatro era visto como subversivo e, num certo sentido, o era. Enquanto político, Crítias participou, desde o primeiro momento, juntamente com seu pai Calescro (irmão de Glauco, avô de Platão), das tentativas de subversão oligárquica. Eurípides, pouco depois da queda do "governo dos Quatrocentos", foi para a Macedônia, enquanto Crítias preferiu refugiar-se por curto período na Tessália. E alguns anos depois, exatamente sob o governo de Crítias, sob o terrível regime dos Trinta, numa Atenas vazia e espectral, o filho de Eurípides encenou as tragédias póstumas

---

3. Ateneu 496 B.
4. Crítias fr. 25 D.-K.

do pai, morto e "exilado" na corte macedônia. E obteve justamente o primeiro prêmio, que a cidade democrática quase nunca tinha concedido àquele desagradável semeador de dúvidas. Na verdade, uma tradição colocava em relação direta Platão e Eurípides: eles teriam ido juntos ao Egito para "procurar os profetas"[5]. No Egito, Eurípides teria adoecido e os sacerdotes tê-lo-iam curado com um tratamento desconhecido, "a cura do mar", da qual ele deixaria vestígios na *Ifigênia em Táuride*, em que Eurípides faz Efigênia dizer que "o mar lava toda a torpeza humana" (v. 1193). Não sabemos a data exata da *Ifigênia em Táuride*: poderia ser 412 a.C., quando Platão já havia alcançado a adolescência. Essa narrativa, que devemos a Diógenes Laércio, pode ser falsa: acresça-se que Diógenes enquadra de uma forma tão anacrônica que faz aparecer Eurípides vivo após a morte de Sócrates. O que interessa, todavia, é que uma tradição ligava Platão a Eurípides, e isto é, por si só, um dado significativo. Quanto à viagem ao Egito, esse é um momento da vida de Platão sobre o qual desejamos saber mais e ao qual retornaremos. Quando porém lemos, na mesma passagem de Diógenes, que "Platão tinha decidido encontrar-se com os Magos, mas as guerras da Ásia o obrigaram a desistir"[6], vislumbramos quase que um *programa de viagens instrutivas* que Platão teria concebido: com efeito, os "Magos" fariam pensar de fato numa viagem à Pérsia, impedida por pretensas "guerras da Ásia" (as campanhas de Agesilau?). De qualquer modo, o nexo com Eurípides não deveria ser separado da experiência juvenil de Platão com a arte trágica.

No diálogo intitulado *Crítias*, de cuja autenticidade ninguém mais duvida, num certo ponto Platão nos apresenta Sócrates que, amavelmente, encoraja Crítias em relação a sua atividade teatral[7]. Dicearco, discípulo direto de Aristóteles, dizia num escrito biográfico, que Platão havia tido uma atividade poética intensa: não apenas ditirambos e cantos líricos, mas também tragédias, e que, além disso, havia estudado pintura. O afastamento de Platão da arte cênica ocorreu assim: enquanto

---

5. D. L. III, 6.
6. *Idem*, III, 7.
7. Platão, *Crítias*, 108 B.

ele se preparava para participar, com uma tragédia sua, de um concurso, ao ouvir a voz de Sócrates diante do teatro de Dioniso, ele queimou os seus versos exclamando: "Efesto, aproxima-te: agora é de ti que Platão necessita!"[8]. É estranha a idéia de que Platão tenha ido ao teatro para a representação de seus dramas segurando o texto escrito daquilo que os atores haveriam de recitar. No entanto, essa narrativa é devida a eruditos muito posteriores, que não tinham idéias claras sobre a prática do teatro ático. O que deve significar essa anedota (para além dos seus anacronismos) resultará claro se considerarmos o valor simbólico do queimar: isso deveria significar uma ruptura completa com uma fase de vida e, portanto, aqueles escritos não teriam sido somente repudiados, mas destruídos. O esquema de base usado é aquele reencontrado na vida de outros homens "fascinados" por Sócrates. Isso vale também para Xenofonte. Sócrates encontrou-o numa ruazinha e barrou-lhe o caminho com o bastão (que lembra a pequena figura de um vaso ático) e perguntou-lhe: "Onde se adquirem as mercadorias?"; a resposta foi imediata; e em seguida Sócrates prosseguiu: "Qual o lugar onde as pessoas tornam-se pessoas de bem?"; o outro não soube o que dizer; e então Sócrates disse: "Segue-me e saberás"[9]. Nessa anedota, na qual talvez, pela primeira vez no Ocidente, *filosofia e mercadoria* são colocadas como antípodas, tem desde logo um "clima" de proselitismo e de "conversão". O encontro com o mestre configura um corte com o passado. Exatamente como no caso de Platão, que incendeia suas tragédias pelo chamado de uma *voz*. Aquilo que diz respeito a Sócrates e ao seu círculo é sempre colorido por elementos que bem figurariam nos contos sobre Jesus ou sobre Apolônio de Tiana. Não se deve esquecer que grande parte desse anedotário socrático conflui em Diógenes Laércio, isto é, num autor em que o fenômeno Sócrates chega já transfigurado pelos múltiplos filtros filosóficos e por outros que não o são. Ainda não estamos no erasmiano *O Sancte Sócrates ora pro nobis*, mas estamos a caminho.

---

8. D. L. III, 5; Heliano, *VH* II, 30.
9. D. L. II, 48.

2

Platão ficou ao lado de Sócrates até a sua morte. O fato de que em 404 tenha aceitado os convites de Crítias e de Cármides, seus parentes próximos, para empenhar-se no novo regime, não implica em afastamento de Sócrates: como sabemos, também o mestre "ficou na cidade". Sobre esse acontecimento não dependemos de fontes tardias mas do próprio Platão: na *Sétima Carta*, ele se retrata pela colaboração com os Trinta – essa é a sua reconstrução dos fatos – quando os Trinta entraram em choque com Sócrates. Mas logo depois Crítias e Cármides morreram e, em seguida, a situação a ser enfrentada foi bem diferente: era aquela determinada pelo retorno ao poder dos democráticos. Quem estava seriamente comprometido com o regime que acabava de cair – é o caso de Xenofonte –, tomou outros caminhos, fez de tudo para sumir de circulação. Outros acharam boa a "anistia". A incerteza durou pouco. O ano de 399 foi rico em processos oriundos, de um modo ou de outro, da guerra civil: no fim Sócrates, levado ao tribunal, foi condenado à morte e para desconsolo geral de alunos e acusadores, ele não quis fugir à condenação. Platão, que narrou com paixão e profundidade de pensamento todo o final da vida do mestre, das palavras que pronunciou no tribunal até o momento em que o veneno ingerido o venceu, achou que, por um tempo, devia deixar Atenas. Refugiou-se em Mégara. "Junto com outros socráticos", disse Diógenes[10]. Isso significa que os alunos sentiram-se ameaçados, ou pelo menos atemorizados, pela conclusão dramática daquele processo. E por isso refugiaram-se junto a Euclides, em Mégara. Pensaram livrar-se de possíveis e eventuais represálias posteriores. Não se pode esquecer que no mesmo espaço de tempo houve outra condenação, de um outro socrático processado à revelia: a condenação de Xenofonte ao exílio. É verdade que o caso de Xenofonte era diferente. E todavia, para os imprevisíveis atenienses "maníacos por processos", num momento desses, um homem como Platão, cujos parentes eram na melhor das

---

10. *Idem*, III, 6.

hipóteses comprometedores, tinha muito a temer. Se, retornando mais tarde a Atenas, escolheria filosofar "privadamente", num círculo remoto e retirado, longe dos olhos dos concidadãos, se isso foi exatamente o contrário daquilo que era característico em Sócrates, o seu contínuo encontrar-se e desencontrar-se com a cidade, isso se dava também, se não essencialmente, devido à trágica conclusão da experiência socrática.

Ao longo de todos esses anos cruciais, as óticas de observação dos dois socráticos foram distintas. E isso explica porque eles falam de dois modos diversos a respeito de pessoas com quem tinham afinidade e de eventos que deveriam atingi-los da mesma maneira. Assim, enquanto Platão, embora desiludido com os Trinta, "salva", como se diz, Crítias e Cármides, consagrando-lhes seus diálogos, nos quais conversam amigavelmente com Sócrates, Xenofonte por sua vez tem em relação aos dois, especialmente em relação a Crítias, uma total dureza, provavelmente do seu comprometimento direto na guerra civil. Para ele, Crítias é aquele que quis *manchar* os cavaleiros com o massacre de Elêusis, em suma, foi de resto aquele que levou à ruína *pessoal* a sua gente (incluindo Xenofonte). Por isso, nada lhe concede, e nos *Memoráveis* atribui a Sócrates palavras de desprezo (talvez também autênticas)[11] a seu respeito, em particular sobre a "paixão porcina" de Crítias por Eutidemo (alusão ao frenesi sexual de Crítias por seu amante e ao gesto dos porcos de esfregar-se nas paredes). Ele pretende, desse modo, retroagir ao momento em que Crítias, já no poder, proibiu Sócrates de ensinar. A sua aversão contra aquele doutrinador que lhe havia destruído a vida não era menor do que o rancor que ele nutria por Trasíbulo e seus companheiros ameaçadores. Para Platão, ao contrário, aquela guerra civil era somente um estúpido parêntesis: o verdadeiro trauma, indelével, era o monstruoso processo com o qual a democracia restaurada havia mandado Sócrates à morte. É àquele evento que ele dedica uma altíssima reflexão que também é uma reflexão histórica (*Apologia, Críton, Fédon*), por-

---

11. *Memoráveis* I, 2, 29-30.

que a partir daquele evento surgiu a sua escolha de vida: a renúncia a envolver-se com a democracia e a busca de outros caminhos. Com relação à condenação capital de Sócrates, Xenofonte, que estava longe na ocasião do processo (e temia o que lhe pesava nas costas), tem uma reação despeitada: formula, na sua *Apologia*, a idéia banal e infundada de que Sócrates se deixara matar porque já estava cansado de viver. Não sabemos quando exatamente ele escreveu essa banalidade, mas certamente ela soa singularmente indulgente nos embates daquele assassinato de Estado perpetrado pela democracia restaurada. As duas vidas corriam, de certo modo, paralelas, mas com uma diferença: Xenofonte rompe com Atenas por causa da guerra civil e dos seus póstumos, e desde então persegue outras estradas que também alimentarão o seu pensamento político. Platão igualmente rompe com Atenas, mas em conseqüência não da guerra civil, mas sim do assassinato de Sócrates, e é então que, julgando impossível reformar o modelo político representado (*por excelência!*) pela sua cidade, toma outros caminhos, faz outras experiências que serão, elas também, alimento e banco de prova do seu pensamento político.

3

Ele se pôs a caminho em busca de alguma coisa que, no fim, extraiu de dentro de si próprio. Depois de Mégara foi a Cirena, florescente colônia grega em solo líbio, juntamente com o matemático Teodoro, mestre de Teeteto. Depois foi para a Itália, à casa dos pitagóricos Filolau e Eurilo. Finalmente foi ao Egito, mas daquela viagem – talvez a mais importante – muito se ignora. Somos induzidos a pensar que quando narra, no *Timeu*, a respeito de Sólon no Egito, bem como dos mitos antiqüíssimos ali observados, esse seja um modo crítico de fazer entrever aquela *sua* experiência. Mas isso é apenas uma conjectura. É possível imaginar-se uma iniciação de Platão no Egito. Ali ele pôde aprender muito, em campos que o fascinavam (matemática e astronomia): segredos de uma ciência e de um pensamento que ele fez questão de não divulgar, como é adequado a um iniciado. Daí talvez a idéia de falar da experiência egípcia através da "máscara" de Sólon e da estranha invenção segundo a qual os sacerdotes egípcios teriam contado ao velho Sólon a história da Atlântida, que se configura como uma forma mitizante de dilatar infinitamente a noção de tempo. Mas poderia ser também a metáfora de outros conceitos e de outras "verdades" veladas sugeridas através daquela incontrolável reevocação histórica. Trata-se da história de eventos e lugares dos quais o próprio narrador diz que se perderam completamente os vestígios! Essa realidade ocorrida num tempo tão remoto, que no entanto não deixou traços visíveis, mas da qual os grandes detentores de sabedoria (os sacerdotes egípcios) recordam-se e transmitem sua memória a um "eleito" (Sólon), é, no plano dos *eventos*, análoga ao "hipercelestial" mundo das idéias em relação àquilo que se refere à realidade: a sede (o "supraceleste") na qual estão (mas ao se falar de *idéias* a expressão parece muito materialista) os modelos do ser. É uma espécie de antimatéria (a analogia com tais concepções da moderna física não parece infundada): é o arquétipo remoto, segundo a intuição platônica, do mundo empírico dos fenômenos, mundo que o senso comum troca pela realidade ou, para dizer melhor, assume como realidade única.

Pode-se chegar a pensar que o primeiro motivo dessa grandiosa concepção, graças à qual o idealismo extremo e a pesquisa física avançada se encontram, tenha-lhe advindo precisamente da experiência egípcia, e que Platão adote a indiscutível (conquanto não verificável em nenhuma das suas partes) invenção da Atlântida, a fim de evocar a sua dívida para com aquela antiqüíssima sabedoria. Ela é inverificável não só porque se refere a alguma coisa totalmente desaparecida, como também porque quem relatou aquele mito, por sua vez, tinha vivido muito antes da narrativa platônica: ao tempo de Sólon e do antepassado de Crítias. É extraordinário como Platão transfere essa grandiosa visão para o âmbito da sua família. O antepassado de Crítias, amigo de Sólon (e a quem os egípcios haviam feito aquela revelação), era de fato seu parente, como o foi o próprio Sólon, em linha ascendente, num certo ponto da árvore genealógica da família de Platão. É peculiar à pequeníssima Atenas reelaborar-se realidades muito grandes e, por vezes, hipóteses cosmogônicas, inserindo-se no próprio microcosmo, ou até mesmo numa fração dele, uma família em particular. Os atenienses tiveram a extraordinária capacidade de pensar o universo a partir de um minúsculo ângulo do mundo. Mas isso é também um sinal da forte consciência de si mesmos, da própria importância e do próprio papel que as grandes famílias conservavam na moldura da democracia ateniense. O veículo para essa sua extraordinária aventura mental foi o pensamento matemático.

Em Cirena, na Líbia, Platão havia aprendido com Teodoro, o grande matemático da escola pitagórica, a noção, passível de desenvolvimento, dos números irracionais, isto é, um número real que, por sua vez, não pode ser representado nem mesmo como número periódico. Nesse aparente *non sense* (ou ultra-senso) já se encontrava a matriz das *idéias*, que na concepção platônica são a realidade verdadeira, porém não representáveis nem sensorialmente perceptíveis. Teodoro havia demonstrado que os números irracionais são: $\sqrt{3}$, $\sqrt{5}$, $\sqrt{6}$, até $\sqrt{17}$. Os modernos se perguntaram por que ele não incluiu também $\sqrt{2}$. A explicação mais óbvia parece ser que a descoberta da natureza "irracional" de $\sqrt{2}$ já fora feita, se não pelo próprio Pitágoras, pelo círculo dos seus sucessores imediatos. Um deles, Hipaso, havia morrido no mar, num naufrágio. E a lenda que circundava sua pessoa e seu círculo contava que o naufrágio tinha sido uma punição: porque Hipaso havia revelado o segredo da seita, ou seja, exatamente a descoberta do número irracional. Teodoro tinha vindo muito depois de Hipaso e tinha ensinado a Teeteto, protagonista do diálogo platônico que leva o seu nome e o genial matemático a quem tanto devem os *Elementos*, de Euclides. Naquele diálogo, Teeteto discute com Sócrates (e é contra esse "falso" Sócrates interessado em matemática que – como sabemos – Xenofonte protesta nos *Memoráveis*) que em dado momento dá a entender claramente que ele tinha ensinado em Atenas. Desse modo, Platão deixava supor que tinha ouvido de Teeteto em Atenas[12]: ele não queria falar de sua estada em Cirena. Teeteto

---

12. *Teeteto*, 147 D.

recorda o ensinamento ateniense de Teodoro, quando – diz – debatia com o homônimo de Sócrates, "Sócrates, o jovem".

Teodoro projetava para nós a construção de algumas das potências, mostrando-nos como aquela de três pés ou de cinco pés não pode, por comprimento, comparar-se àquela de um pé. E, desse modo, esclarecia uma por uma, até aquela de dezessete pés. Não sei por que finalizava justamente nesse ponto[13].

Teodoro ilustrava o fenômeno mas não explicava o porquê.

Então, veio-nos à mente [...] reagrupá-las em uma figura única, como chamamos todas essas potências. [...] Dividamos em dois tudo que é número. O que pode ser resolvido em um produto de uma cifra com ela mesma, o representaremos com um quadrado, a que se chamou *equilátero*. [...] Mas tudo o que [...] não pode ser resolvido em um produto de um número com ele mesmo, mas se resolve em um produto de um maior ou um menor e vice-versa, isto nós representamos por um retângulo, e o chamamos número *retangular* [...] Às linhas cujo quadrado constitui um número e cujos fatores são desiguais, chamamos *potência*, se pelo comprimento não são mensuráveis àquelas primeiras, o são no que tange às superfícies que formam[14].

Aqui fica claro que aqueles que Teeteto descreve como eles, os ouvintes de Teodoro, estavam às cegas para entender o fenômeno sobre o qual Teodoro "não explicava o porquê". E haviam escolhido o único caminho possível para os conhecimentos numéricos dos gregos: o da demonstração geométrica. Muito depois, no fim do diálogo, Platão faz Sócrates dizer, voltado para Teeteto, que não é justo o ponto de vista de quem não considera ciência "o que não se pode dar a razão", e que alguém sustente "que os elementos primordiais, dos quais somos compostos nós e os outros seres, são *irracionais*"[15]. E recorre logo depois à comparação, que ganhará fama, com as letras alfabéticas: "nas sílabas é inerente uma razão quanto às letras, os elementos são não racionais"[16]. As letras, cuja invenção é atribuída, pouco tempo antes, ao egípcio

---

13. *Ibidem*.
14. *Idem*, 148 B.
15. *Idem*, 201 D-E.
16. *Idem*, 203 A.

Teut, são os *modelos*, uma noção que remete às *idéias*: e são "irracionais" no mesmo sentido dos números.

É difícil dizer se Schleiermacher, no seu importante comentário sobre Platão, foi devidamente justo quando propôs considerar-se a figura de Teeteto como um "véu" por trás do qual, como em outros casos, oculta-se o próprio Platão, de tal forma que seria restituída ao próprio Platão a descoberta dos números irracionais. O que se pode afirmar é que aquele diálogo provavelmente é do último Platão. O pensador se reveste de um acento irônico ao se referir àqueles que crêem que entre Hércules (ou entre seu pai, Anfitrião) e Agesilau sucederam-se 25 gerações. Isso pode ser uma referência irônica ao *Agesilau*, de Xenofonte, ou a outros elogios a Agesilau, escritos também depois de sua morte, como aquele de Xenofonte: e nesse caso a datação do *Teeteto*, pelo menos na forma definitiva na qual o lemos, dar-se-ia em seguida à morte de Agesilau, ocorrida em 358 a.C. Se as coisas então ficarem nesse pé, essa seria uma confirmação da orientação preponderantemente matemática do último Platão, ou, quem sabe, até uma tentativa de dar-se vestes matemáticas à doutrina das idéias.

4

O quanto ele tenha sido influenciado pelo conhecimento direto dos pitagóricos, não sabemos bem. Na *Sétima Carta*, em certo ponto, Platão faz menção à sua viagem "à Itália e à Sicília"[17], mas depois fala essencialmente do acontecimento siciliano. O ocorrido na Itália e na Sicília foi o fato mais importante nas viagens que assinalaram sua vida. No plano político (e é deste que parte essencialmente a *Sétima Carta*), Siracusa foi para ele aquilo que Esparta tinha sido para Xenofonte, mais ou menos no mesmo período. Platão faz a sua reflexão sobre aquela experiência exclusivamente em termos políticos. E a faz vir diretamente dos anos precedentes: primeiro a me-

---

17. *Sétima Carta*, 326 B.

teórica e fracassada ditadura dos Trinta, depois a restauração democrática, para ele caracterizada pelo processo contra Sócrates.

No final dei-me conta de que todas as cidades da época eram mal governadas, [...] e fui induzido necessariamente a fazer o elogio da verdadeira filosofia, bem como a dizer que somente esta teria a possibilidade de enxergar aquilo que é justo nas coisas públicas e naquelas privadas. Portanto, as gerações humanas não conseguiriam jamais libertar-se das desgraças enquanto no poder não fossem colocados verdadeiros e autênticos filósofos ou aqueles governantes das cidades que, por graça divina, não tivessem se tornado, eles próprios, verdadeiros filósofos. Eu tinha em mente tais pensamentos quando fui à Itália e à Sicília pela primeira vez. Assim que retornei, desgostou-me a vida que aqui era chamada de feliz etc[18].

Tal reflexão ocorreu-me através de cálculos rápidos. Entre a morte de Sócrates (399) e a primeira viagem à Sicília (388), passaram-se na verdade mais de dez anos. E no ínterim aconteceram outras experiências, sobre as quais Platão não se detém. Aqui Platão apresenta o núcleo de seu pensamento político (os filósofos governantes), que já estava delineado *antes* da viagem para o ocidente. A suposição que deriva disso talvez seja enganosa: é-se levado, de fato, a pensar que, amadurecida tal convicção, Platão viesse para a Itália à procura de um banco de provas para suas idéias. "Assim que cheguei [à Itália?] desgostou-me a vida que aqui era chamada feliz, plena como era a dos banquetes italiotas e *siracusanos,* e aquele encher o estômago duas vezes ao dia e jamais dormir apenas à noite". O espetáculo da vida prazenteira que acontecia naquela região o levou a dar um passo adiante na sua reflexão sobre a política: "Não há cidade, *por melhor que sejam as suas leis,* que possa viver num estado de tranqüilidade, se os seus cidadãos pensam que é justo consumir os seus bens em prazeres excessivos". Tais cidades "não acabam nunca de assistir a um suceder-se de tiranias, oligarquias e democracias". Portanto, a perfeição das leis tem importância relativa: uma ótima legislação é impotente caso os homens

18. *Idem*, 326 A-B.

estejam à deriva no plano ético. "Tendo em mente tais pensamentos, que se juntavam às reflexões precedentes, passei a Siracusa"[19]. Lá, o único encontro positivo foi com o juveníssimo Díon, que foi subitamente atraído pelo ensinamento platônico: "expressei-lhe aquilo que, para mim, são os ideais que todos os homens devem almejar e exortava-o a dar-lhes atuação prática: eu ignorava que assim preparava, sem perceber, a derrubada da tirania"[20]. Díon escutou-o com verdadeira paixão e "se propôs a viver o resto de sua vida de modo diferente ao da grande maioria dos sicilianos e dos italiotas, amando a virtude"[21].

Mas aquela primeira viagem terminou muito mal. O velho tirano era intolerante com relação àquilo que Platão andava pregando. Quando o hóspede ateniense, conversando sobre a tirania, afirmou que "o direito do mais forte vale somente na medida em que se pressupõe também maior virtude", o velho Dionísio, irritado, explodiu: "As tuas palavras cheiram a caduquice senil!". E Platão respondeu: "Mas as tuas cheiram a tirania!"[22]. Esse incidente não é narrado por Platão, em cuja *Sétima Carta*, tensa e dramática, ele trata do essencial e omite o anedótico pessoal, embora também significativo. O episódio é narrado por Diógenes com muitos outros detalhes, extraídos de fontes históricas que falavam de Platão na Sicília, fontes as quais também Plutarco utilizou ao contar a vida de Díon. Essas fontes idealizavam a tal ponto Díon como inimigo dos tiranos que chegaram a induzir o grande biógrafo da Queronéia a comparar Díon com Marco Júnio Bruto, o assassino de Júlio César.

O primeiro impulso de Dionísio foi levar Platão à morte. Intervieram Díon e Aristómenes, e a vida do hóspede foi poupada. Mas nas reais intenções do velho déspota aquela deveria ser uma concessão aparente. De fato, impôs que o filósofo fosse embarcado no navio de Pólis, embaixador espartano, naquela ocasião presente na cidade, e secretamente deu a

---

19. *Idem*, 326 D.
20. *Idem*, 327 A.
21. *Idem*, 327 B.
22. D. L. III, 18.

Pólis a incumbência de vender aquele perturbador ateniense como escravo. Pólis, executor obtuso, fez a rota na direção da ilha de Egina e lá vendeu Platão no mercado de escravos, que em Egina era muito florescente[23]. (Basta recordar as enormes cifras que Ateneu de Náucratis lia nas suas fontes a propósito dos escravos de Egina: cifras mal entendidas desde os antigos, e que ao contrário apenas têm sentido se referidas ao *mercado*, não à população escravizada *estavelmente*, residente na ilha). Então Platão passou por uma experiência extrema para um grego: a experiência da escravidão. Ainda mais dramática para um nobre de antiqüíssima estirpe, como ele era. Na verdade, ele pôde afirmar, com razão, ter tido na vida experiência em todas as condições humanas em cada aspecto em particular: e quando fala do governo dos homens, a cujo tema muito se dedicou, ele fala disso como homem que viu e sofreu, não como um pensador livresco que bosqueja na prancha a cidade ideal.

Como quer que tenha ocorrida a sua libertação ou o seu resgate, o fato tornou-se objeto de muitas elaborações, entre as quais é difícil escolher. Ficamos sabendo, pelas fontes que a comentam, que o tema "Platão restituído à liberdade" deveria apaixonar históricos e eruditos. Favorino de Arles, que viveu na época do imperador Adriano e que tinha uma erudição imensa, conhecia uma versão dos fatos, seguramente idealizada, mas que tinha sustentação histórica pela ciscunstância de que a guerra acontecia efetivamente, entre Atenas e Egina, naquele ano (de 387 a.C.), e na qual Pólis teve a cínica idéia de ir vender Platão como escravo, exatamente em Egina. Era na realidade um modo de condená-lo, mais do que à escravidão, à morte. Em seguida ao conflito, de fato entrou em vigor em Egina uma lei que previa a imediata execução de qualquer ateniense capturado na ilha. Porém, o imprevisto teria sido o fato de que, diante da assembléia que deveria decidir qual providência adotar contra o recém-chegado, a furiosa providência, alguém disse: "Mas ele é um filósofo!". Tê-lo-iam dito por deboche, mas o chiste bastou igualmente para absolver o

---

23. Plutarco, *Díon* 5; D. L. III, 19.

prisioneiro. Vem-nos à mente que igualmente Xenofonte, numa situação muito difícil, tinha ouvido o sarcástico Falinos dizer: "Pareces um filósofo!". Por que então, em Egina, os filósofos foram tidos com tanta consideração, não sabemos. Outra versão dos fatos, mais confiável, fala de um resgate que alguém pagou e que outros teriam disputado para reembolsar o benemérito libertador (entre os quais o próprio Díon). Nem falta a tradição que relaciona a libertação da escravidão com a fundação da Academia. Díon quis reembolsar Anícere de Cirene pelo dinheiro gasto para resgatar Platão, mas este não quis recebê-lo, e com aquela quantia ele comprou, para Platão, o terreno sobre o qual surgiu a Academia[24]. Na verdade, não está claro por que um cidadão de Cirena teria podido adquirir assim, tão facilmente, solo ático, nem podemos imaginar facilmente como aconteceu exatamente a compra e venda. Mas no caso, o que conta é o dado cronológico. A fundação da Academia é sucessiva à primeira viagem à Sicília e também à imprevista aventura com final feliz.

5

A fundação da Academia é um evento memorável não somente na história do pensamento humano, já que criou a estrutura duradoura que se encarregou de salvaguardar e difundir a obra de Platão nos séculos seguintes (Justiniano tentou fechar a escola platônica cerca de novecentos anos mais tarde), como também na história de Atenas. Daquele momento em diante os filósofos separaram-se definitivamente da cidade. As relações quase nunca tinham sido cordiais: Anaxágoras salvara-se fugindo, Sócrates fora morto. Platão criou uma comunidade separada e auto-suficiente centrada em torno do culto às Musas, uma espécie de tíaso*, ou ainda – como foi dito –, uma espécie de *colégio*. Era uma comunidade que mos-

---

24. D. L. II, 20.

* Templo de educação sáfica, consagrado a Afrodite. Na "Casa das Musas", quando chegava uma jovem para iniciação ou deixava sua casa para se casar, era celebrada uma festa e Safo (nascida na Ilha de Lesbos,

trava não necessitar da cidade e que, não obstante, ousava também ocupar-se da cidade, quando afrontava, por exemplo, o âmago do eterno e insolúvel problema da melhor forma de governo. Certa vez até mesmo juntamente com ouvintes provenientes de outras partes da Grécia (como Aristóteles, por exemplo, ou como aquele Eufreu Olinto que tanto vem elogiado por Demóstenes). E exatamente esse dado, além daquele da separação, o qual reacendia as recordações das heterias* oligárquicas, era o que nada mais fazia do que despertar suspeitas e irritar os "bons" atenienses. O que é que tramava escondida aquela gente? Sabe-se o quanto a cidade era "intervencionista", como amava interferir na vida de cada pessoa: Atenas não menos do que Esparta. Tente-se imaginar, então, como poderia ser acolhida essa confraria de filósofos que, à maneira dos oligarcas de outro tempo, consideravam-se estranhos à cidade e, pelo contrário, ligados às suas próprias regras internas, além da fidelidade a um mestre o qual não era nenhum modelo de ortodoxia e de lisura democráticas. O mesmo tipo de suspeitas surgirá alguns anos mais tarde, em relação à escola de Aristóteles: ela foi fundada sob o mesmo modelo da Academia, com algumas agravantes muito perigosas que levarão a iniciativas legislativas abertamente repressivas.

Não obstante, o prestígio dessa escola era grande, em todo o mundo grego. Platão era um mestre ouvido e prestigiado. Haviam-se passado cerca de vinte anos desde a fundação da escola quando chegou uma carta que convulsionou o equilíbrio. Era Díon que escrevia a Platão, agora que o velho tirano de Siracusa estava morto: e Díon estava persuadido de haver levado o novo senhor da cidade, o jovem Dionísio, a uma ativa e promissora curiosidade em relação aos confrontos com Platão.

---

650 a.C.), oferecia-se-lhe uma poesia. Além da iniciação sexual, as adolescentes dedicavam-se a trabalhos leves, a cantar, a dançar, a mover-se e a vestir-se com elegância. Passavam do culto de Artêmis, a deusa da adolescência, para o culto de Afrodite, a deusa do amor. (N. da T.)

* Do grego *hetaireiai*, associações freqüentadas particularmente por jovens de classe alta, com funções sociais e políticas. (N. da T.)

Que outra ocasião devemos esperar que possa ser melhor do que agora a fim de que, pela ajuda divina, se nos apresenta? Dionísio é jovem e deseja uma educação filosófica; também seus sobrinhos e seus familiares podem ser atraídos para a tua doutrina, parecem mais adequados a ganhar Dionísio para a mesma causa. Este é o momento em que se poderia realizar a nossa esperança de que filósofos e dirigentes de grandes cidades finalmente coincidam[25].

Platão relembra a comoção que aquela carta lhe causou: "por tratar-se de jovens, o meu ânimo estava cheio de inquietudes, visto que os desejos dos jovens acendem-se de imediato e se voltam muitas vezes em direção oposta"; porém confortava-o a confiança em Díon, "grave por natureza e já maduro"[26].

Por fim, [escreve] a balança pendeu a favor de considerar que, se quisesse alguma vez tentar pôr em prática as minhas idéias sobre as leis e sobre o Estado, era aquele o momento de agir. Se eu conseguisse persuadir a um só homem [seria ilusão especular sobre a posição do tiranicida], teria assegurado a realização de todo o bem possível. Com este pensamento e esta ousada esperança, zarpei, não pelas razões em que alguns acreditavam [mas não disse quais fossem] mas porque envergonhava-me muito aparecer diante de mim próprio como *um homem capaz somente de palavras*.

Com mais exatidão, disse: "de não aparecer somente a palavra diante de mim mesmo"[27].

Talvez estas sejam as palavras mais importantes que Platão tenha escrito: "para não aparecer somente a palavra". E a força de expressão é acrescida pelo uso do simples "palavra" para referir-se ao "homem que se limita às palavras". É essa a angústia que o assedia: pouco depois imagina as palavras que Díon poderia ter-lhe dirigido caso ele voltasse atrás: "a filosofia, *que tu sempre exaltas enquanto dizes que ela é desprezada pelos outros homens*, talvez não tenha sido traída por ti no momento em que traias também a mim?"[28]. Entre os

---

25. *Sétima Carta*, 327 E-328 A (com paráfrase livre da *oratio obliqua*).
26. *Idem*, 328 B.
27. *Idem*, 328 C.
28. *Idem*, 328 E.

filósofos que sujam suas mãos, como Sêneca ou Marx, e aqueles que, como Aristóteles ou Hegel, observam serenamente o mundo e lhe fornecem, além disso, uma morfologia, Platão ocupa um lugar de grande destaque entre os primeiros. Ele não era daqueles que escolhem retroativamente a parte "justa", depois que os erros e os acertos foram repartidos pela história ou pelos pósteros. Pôs-se ao mar com mais de sessenta anos e colocou tudo em discussão: certezas de vida, prestígio, serenidade. "Deixei as minhas ocupações que não eram, por certo, inconvenientes", escreve, ao relembrar aquela decisão[29]. Dava um peso assim tão grande à política? Tal escolha parece singular (comprovada, de resto, pela preponderância esmagadora do problema político no interior de seus escritos) por parte de um filósofo profundamente convicto de que a verdadeira realidade, autêntica, deve estar alhures, naquele "outro lugar" cósmico que é o hiperurânio. De fato, foi ele próprio quem lucidamente escreveu que, qualquer que seja o seu lugar e a sua espécie, "as coisas humanas, por si mesmas, não são dignas de grande preocupação, mas por outro lado é necessário interessar-se também por elas; e esta não é uma situação afortunada"[30]. Entre o "ali" e o "aqui", entre a idéia do bem supremo e a da atuação política concreta para o bem dos humanos, não existe, portanto, abismo ou separação, mas sim coincidência. Por isso, a política é uma altíssima disciplina que focaliza em si e sintetiza *todos* os pressupostos, éticos e metafísicos. Para ele é um empenho total, de vida. E Siracusa poderia ser, pela nova situação que lhe foi descrita por Díon, exatamente o inesperado banco de prova. Grandeza de pensamento e ingenuidade, ou melhor, frescor juvenil, conjugam-se nele, persuadido de que a prova decisiva para a qual, num determinado momento, é-se chamado, não é, como pensam muitos, longínqua e vinda do futuro, ou então relegada a um passado (já mitificado), do qual não podemos ser protagonistas, mas ela está *aqui, ao alcance da mão*, no presente imediato, que seria desprezível deixar-se para trás. Precisamente como o advertia o amado Díon.

29. *Idem*, 329 A.
30. *Leis* VII, 803 B.

Todo o desenvolvimento sucessivo dos acontecimentos foi registrado na *Sétima Carta*, apologética e retrospectiva: quando Platão a escreve, de todo modo, aquela experiência já tinha chegado à sua ruinosa conclusão. Eis como se precipitou a crise. Quando Platão chegou a Siracusa, percebeu que a posição de Díon estava muito enfraquecida e que, na corte, ele era constantemente caluniado como conspirador junto ao novo senhor da cidade. Ao fim de três meses, Dionísio colocou Díon sob acusação, fê-lo embarcar num navio e exilou-o, desacreditando-o diante da cidade. Platão ficou na corte junto àqueles que chama de "os amigos de Díon", exposto também às acusações daqueles que o apontavam como instigador oculto do subversivo Díon. Ele ficou, enquanto circulavam rumores sobre a sua condenação à morte, já decidida, na ilusão – diz – de entender as intenções do jovem tirano. Por sua parte, Dionísio – relembra Platão:

tratava-nos com benevolência e a mim particularmente, procurava consolar exortando-me a permanecer de bom ânimo, e rogava-me, de todos os modos, a ficar: porque *a minha fuga de junto dele não lhe traria honra, mas a minha permanência, sim*[31].

"Dava a entender que me suplicava – comenta –, mas *as súplicas* dos tiranos confundem-se com a constrição". Também Xenofonte, que no *Hieron* havia refletido sobre a "infelicidade" do tirano, igualmente havia escolhido colocar-se sob o ponto de vista do poder naquela sua importante reflexão sobre a tirania. Aqui, Platão vai à raiz da *necessidade de consenso intelectual*, que é uma necessidade primordial do poder totalitário. E aponta para a mistura de súplica e constrição que existe nas palavras do poder em seus confrontos com a *elite*, que ele não pode ignorar. Ele certamente teria entendido o telefonema de Stálin a Bulgakov, e sobretudo a resposta de Bulgakov.

Esse é o momento mais atormentado da experiência siciliana. Repensando-a, Platão não consegue esclarecer completamente para si próprio os reais sentimentos em relação a Dionísio. "Amava-o sim, sempre mais, com o passar do tempo", escreve em certo momento, mas demonstra que Dionísio

---

31. *Sétima Carta*, 329 D.

pretendia tomar para si todo o seu ânimo: "Queria que eu o considerasse muito mais amigo do que Díon"[32]. Pelas suas palavras, entendemos seu embaraço quando às voltas com o poder em carne e osso. Vemos Platão induzido a entrar em entendimentos com o tirano, que pretendia usá-lo mas que suspeita que seja o outro a querer usá-lo. Eis aqui a verdadeira desilusão de Platão: cair na espiral do poder, falhando no objetivo de dirigi-lo; em resumo, acabar por colocar-se ao lado de Dionísio, não obstante seu amor por Díon. Quase prisioneiro, foi-lhe concedido, enfim, voltar para Atenas. Mas empenhou-se em retornar, e retornou (361-360 a.C.), seguido pelos alunos mais velhos e próximos dele, Espeusipo, Xenócrates, Eudóxio: terceira e desastrosa viagem, que se concluiu com a fuga.

Em 360, em Olímpia, a caminho do retorno definitivo, Platão encontrou o exilado Díon já em vias de uma ação militar contra Dionísio. Mas recusou-se a segui-lo.

> Tu e os outros – disse-lhe – forçaram-me a ser partícipe da mesa, da casa, dos sacrifícios de Dionísio. E ele, talvez devido às calúnias de muitos, estava mesmo convencido de que eu conspirava contra ele, contigo, e contra o seu governo despótico. E mesmo assim não me levou à morte, mas respeitou-me. Nem tenho eu mais idade para combater ao lado de alguém. Estarei convosco se sentirdes a necessidade de tornar-vos amigos uns dos outros e desejardes fazer algo de bom. Mas enquanto desejardes o mal, chamai outro em vosso socorro[33].

São palavras graves para Díon e duras de ouvir. Falando-lhe diretamente e numa situação altamente dramática, Platão disse-lhe duas verdades: tu me fizeste hóspede de Dionísio, e Dionísio, por sua vez, embora suspeitando daquela que, aos seus olhos, era a culpa mais grave (a conspiração política), "não me levou à morte, mas respeitou-me". Nessas palavras insinua-se também o veneno da intimidade com o tirano: "não me levou à morte", como *mérito* que é devido ao tirano. Palavras que a Díon, empenhado na luta armada, deviam parecer incompreensíveis ou talvez intoleráveis. Mas estava ali mes-

---

32. *Idem*, 330 A.
33. *Idem*, 350 C-D.

mo, naquela dissensão, o nó da questão. Precisamente naquele dramático colóquio Platão teve a percepção da distância abissal que o separava não só de Dionísio (como era já sabido), como também de Díon. O que Díon tinha aprendido de seus ensinamentos se pensava em mudar o ânimo humano através das armas? Ele nada havia entendido do núcleo central do pensamento do mestre, qual seja, a idéia de conquistar a mente dos governantes. O atalho "militar" era para ele apenas um equívoco colossal. Por isso, num certo ponto da *Sétima Carta*, Platão faz uma pausa inteligente, e recorre à analogia com o médico, que é verdadeiramente médico se souber renunciar a dar conselhos ao doente indócil e refratário, mas que é incapaz, ao contrário, se continuar a fazê-lo. "A mesma coisa – acrescenta – vale para uma cidade, *tenha ela um ou mais chefes* [detalhamento precioso que mostra, justamente, como era irrelevante aos seus olhos que o poder fosse monárquico ou poliárquico]"[34]. Por isso, em outro ponto da carta explica que muitos crêem que compreenderam seu pensamento ("aquilo que é o objeto do meu estudo"), mas iludem-se e difundem falsidades[35]. Aquela sua doutrina "não é absolutamente, como as outras, comunicável, mas depois de muitas discussões sobre esses problemas e após uma longa convivência, de repente, como a luz que brota de uma centelha, ela nasce dentro da alma e nutre-se a si mesma". Disse isso noutra polêmica, diante das estúpidas tentativas de Dionísio (que tinha a palavra) de apresentar, numa das suas obras, o ensinamento que sustentava ter aprendido com Platão. Entretanto, o diagnóstico vale para Díon, que nada tinha entendido e que lhe pedia para voltar a Siracusa em armas.

Desiludido com os próprios erros, Platão abandonou Díon. O qual, três anos mais tarde, no comando de um exército mercenário (entre os quais muitos atenienses) arrancou Dionísio do trono. Porém, em 354 uma conspiração, surgida entre os mercenários e liderada pelo ateniense Calipo, ceifou a vida de Díon e levou, nessas circunstâncias, seus amigos a recorrerem

---

34. *Idem*, 330 D.
35. *Idem*, 341 B-C-D.

ainda uma vez a Platão, chamado para um árduo *rede rationem*, ao qual não se pôde furtar. É nesse contexto que nasce a *Sétima Carta*. A sua mensagem utópica, contrastando com as truculentas lutas pelo poder que ocorriam em Siracusa, resume-se ao convite para abandonarem a forma política da tirania:

> Quero dar-vos, pela terceira vez, o mesmo conselho que já dei duas vezes. Nem a Sicília, nem qualquer outra cidade deve estar sujeita aos déspotas, mas às leis. Porque a tirania não é boa nem para quem domina, nem para quem é dominado, nem para eles e nem para os seus filhos, nem tampouco para os seus descendentes. Essa experiência é totalmente deletéria. Só as almas pequenas e servis amam arrebatar tais ganhos[36].

No início de sua experiência siciliana, quando tinha pensado em conquistar o ânimo de um só homem (exatamente o tirano) para realizar o bem de todos, a *forma* da tirania enquanto tal devia parecer-lhe uma circunstância irrelevante. Anos de experiência concreta com a tirania acabaram com essa ilusão. E na *Sétima Carta* ele nos faz lembrar que tentou apresentar unicamente o caráter negativo da tirania a todos os seus interlocutores. "Na primeira vez, procurei convencer Díon disso, na segunda Dionísio, na terceira a vós. E vós, dar-me-eis ouvidos, em nome de Zeus, terceiro salvador"[37].

Com relação a essa crise, a *Oitava Carta* é bem mais do que um desenvolvimento empírico sugerido pelo desenrolar dos acontecimentos. Desde logo, Hiparinos, à frente dos "dionienses", venceu; mas o encontro com Dionísio é inevitável. E Platão, que não renuncia a envolver-se concretamente na ação política, propõe uma solução que, na situação siracusana, chega às raias do absurdo: uma monarquia constitucional e colegiada de três reis: o próprio Hiparinos, Dionísio e o filho de Díon. O retorno a soluções tradicionais é aqui evidente: a referência explícita é à monarquia espartana e aos antigos ordenamentos de Licurgo (dois reis reinam contemporaneamente, seus poderes sendo limitados por um senado e pelos éforos). Posicionamento que não fica tão longe daquele de

---

36. *Idem*, 334 C-D.
37. *Idem*, 334 D.

Xenofonte na *Constituição dos Espartanos*. Escolha "tradicional", mas que, para Platão, é densa de implicações, nem todas explícitas na *Sétima Carta*, mas subentendidas na grande construção das *Leis*.

Mas vai dita ainda uma palavra antes de nos separarmos daquela carta. Talvez não seja mais possível, de certo modo, provar-lhe a autenticidade (que não obstante é sumamente provável). Admitamos, ainda, que ela não tenha sido escrita por Platão. Seja como for, o fato é que ela parece estar tão próxima a ele que parece, indubitavelmente, ter sido composta a partir *do interior* da sua experiência ateniense e siciliana, a ponto de ser considerada como a sua *biografia escrita de forma autobiográfica* por aqueles que lhe foram muito próximos e que souberam entrar na profundidade de suas convicções mais radicais, compartilhando de suas escolhas mais atormentadas. Mas nesse ponto a diferença entre autêntico e inautêntico é ociosa: aquela carta mantém intacto o seu papel de fonte autêntica, primária e insubstituível na biografia de Platão.

6

A *Oitava Carta*, na verdade, é um prenúncio das *Leis*, mas ainda está muito ligada ao mito espartano, em particular ao tema que fascinou gerações de pensadores: aquele da longuíssima duração, nunca agitada por crises, dos ordenamentos de Esparta. Esse tema, que retorna mais ou menos em todos os pensadores políticos atenienses: de Tucídides a Isócrates, a Xenofonte (o mais prudente entre todos porque tinha a experiência direta com Esparta), na *Oitava Carta* de Platão vê o acento colocado mais na soberania das leis do que no equilíbrio dos poderes: "É assim, pois, que [em Esparta, graças a Licurgo] a lei torna-se a soberana absoluta entre os homens e os homens não mais são os tiranos das leis, e o seu régio poder lá se mantém por muitas gerações sem perder o seu prestígio"[38].

---

38. *Oitava Carta*, 354 B.

É o poder absoluto, portanto, das leis sobre os homens, neles incluídos os governantes. Esse é o ponto de chegada do último Platão, do Platão das *Leis*, monumental construção da velhice.

Diversamente da *República* – que projetava uma sociedade comunista limitada às castas dirigentes do Estado ideal, mas que removia por assim dizer os "*bánausoi*" (os "proletários") e lhes concedia, em razão de sua inferioridade, satisfações egoístas e desviantes, tais como a propriedade e a família –, as *Leis* estabeleceram normas rigorosas também para a terceira classe, exatamente aquela dos trabalhadores. Submetidos sim, mas continuamente guiados, vigiados e, se culpados, punidos. De todo modo, Platão nunca esteve persuadido de que é arriscado deixar desenvolver-se livremente uma dinâmica incontrolável, ainda que seja setorial, e limitada às castas inferiores. Estava convencido de que a imposição da "virtù" deve atingir todos os corpos e sujeitos do Estado ideal: "É preciso extirpar – observa tomando como base a disciplina militar, mas falando de modo geral – da vida inteira de cada indivíduo o espírito de independência" (que ele chama de "anarquia")[39]. É em Platão que se exprime, na forma mais pura, a antítese entre comunismo e anarquia. E dessa forma a legislação vem por ele prefigurada, através da cidade bem governada, como sumamente invasiva e necessariamente repressiva.

Talvez nessa inquietante exigência, mas que não é facilmente eludível, possa ser apreendido, como uma fórmula sintética, o núcleo central da reflexão e da ação política de Platão. O dilema entre "anarquia" e "virtù", entre o caótico espírito de independência e a coação que visa difundir a prática do "bem" – uma vez que isso tenha sido reconhecido como tal –, esse é o dilema que se repropõe ao longo de todo o percurso de sua reflexão e que se tem resolvido de modo sempre mais coerente no sentido da *necessidade* do bem, da necessidade da "virtù".

Platão é um aristocrático descendente da mais antiga e ilustre nobreza ática que sentiu fortemente, desde o princípio, atração pela política, que teve a ventura de viver uma série de

---

39. *Leis* XII, 942 D.

experiências extraordinárias e traumáticas: os Trinta – cujo chefe era seu parente próximo –, a restauração democrática, a dispersão dos socráticos, a grandeza e as misérias da tirania siciliana, o envolvimento nas intrigas da corte siracusana, a desilusão, o retiro definitivo na escola. Idolatrou uma sociedade comunista e profundamente "intervencionista" na vida particular de cada pessoa como a única via para a realização não individualista – que seria impossível –, mas coletiva do "bem supremo". Mas não soube conceber tal sociedade a não ser rigidamente – de forma sempre mais rígida, classista e autoritária –; atraído, como também o era Crítias, por um modelo que sempre está presente na sua consciência: aquele da Esparta igualitária, pobre, virtuosa, das leis de Licurgo.

Assumindo como interlocutores os tiranos de Siracusa na sua experiência sobre "monarcas filósofos", Platão adotou, inicialmente, um ponto de vista que poderíamos chamar de "hobbesiano": o da indiferenciação entre monarca e tirano (a não ser em conseqüência de ações concretas) e o repúdio, por oposição, à sua usual distinção baseada no juízo subjetivo de defensores e adversários. Esse posicionamento deveria ser comum também aos outros socráticos, e decorre talvez da posição radicalmente crítica do próprio Sócrates – o qual, não por acaso, permaneceu em Atenas durante o governo dos Trinta – nos confrontos com todas as formas políticas tradicionais. Porém, Platão foi além. Como decorrência de sua experiência siracusana, ele abriu-se, na práxis, a uma *aliança* empírica com os tiranos. Esta foi uma escolha de *realismo* político que sempre fica obscura quando se fala de Platão, via de regra colocado nas antípodas do realismo ou até mesmo da "Realpolitik".

Talvez nunca será de todo exaustivo o esforço voltado a aprofundar as várias faces desse gênero de escolhas: um misto de fascinação pelo poder (e pela pessoa que eventualmente o encarne); a ilusão ou a razoável convicção de conseguir incidir em dinâmicas e mecanismos que, deixados entregues a si mesmos talvez pudessem ser muito piores; a certeza de que um testemunho mantido até as últimas conseqüências pode render frutos ao longo do tempo; o fatalismo por não saber mais "sair disso"; a efetiva interação de comportamento entre o político e o filósofo que, de qualquer maneira, se produz até nos seus conflitos. E estamos certos de que essa casuística é de todo incompleta: ela não esgota a riqueza de possibilidades que o difícil entrelaçamento comporta ou suscita.

O moderno autor de *O Príncipe* (Maquiavel), que teorizou – no libelo assim intitulado – sobre a necessidade de se afiançar a educação a um tipo-ideal de Quíron, porque meio homem e meio animal, foi em seu próprio tempo um homem de ação que, com uma experiência direta na política, saiu destruído. E todavia ele conseguiu repensar aquela experiência com tal distanciamento que acabou por mostrar-se aos olhos dos leitores – em especial àqueles não bondosos, mas nem por isso impertinentes – exatamente como o "cantor" dos métodos de governo do duque Valentino.

É provavelmente ilusório o propósito de conciliar ou recompor a moral individual e a moral política. E é difícil sustentar que, nesse campo, as experiências decisivas não tenham sido *ainda* feitas, que o reencontro decisivo *ainda* não tenha sido cogitado. Ao contrário, a vastidão e a repetição das experiências que temos nas costas, e que as narrativas historiográficas sobreviventes nos documentam, é de tal ordem que nos induz, em vez disso, a pensar que esse encontro não exista. E isso a ponto de poder a própria pessoa que eventualmente passe de intelectual a político – intercâmbio de papéis raro mas não impossível (o imperador Cláudio, o cardeal Belarmino, Robespierre, Lênin) – mudar *também* a moral.

A política é uma arte grande demais e muito arriscada, visto que graças a ela *alguns* se tornam árbitros do destino *de todos os outros*, por não exigir daqueles que se arriscam como protagonistas que paguem preços altíssimos. Como bem o sabia o Sócrates platônico, é a única arte que não dispõe de cânones "ensináveis", e que no entanto qualquer um necessariamente deve praticar. Nesse caso, também o tirano é uma vítima, e às vezes vítima sacrificial. Observando bem, parece totalmente "óbvio" que a moral por ele praticada seja diferente daquela individual (e isso não por causa de sua livre escolha maléfica), e que, com o passar do tempo, surja entre muitos uma nostalgia pungente em relação a ele: todos conscientes, pode-se pensar que ele tenha sido, como se diz, obrigado a praticar uma moral diversa. Donde o surgimento, depois da morte de Nero, por exemplo, de "falsos Neros" a retornarem, com o tempo, à fantasia coletiva, mesmo depois da morte física daquele príncipe que teve tal nome e que morreu execrado. Esse fenômeno está destinado a coexistir com outro, complementar e inseparável do primeiro, que é o do alto apreço demonstrado, também por parte dos críticos mais severos, ao se defrontarem com os "caminhos para a liberdade", como Sêneca que, quando achou ser inelutável, soube praticar: "Uma veia qualquer do teu corpo"[40].

---

40. Sêneca, *Da Ira* 3, 15, 4.

4. ARISTÓTELES, UM E DOIS

1

Guilherme tinha vindo de Brabante. Quando ele nasceu, Constantinopla não era mais a capital do império grego: era a capital de um reino latino dominado por feudatários francófonos. Dos gregos, falava-se que tinham se refugiado para além do Bósforo, nas províncias da Ásia Menor, onde deviam se bater constantemente com os turcos seljúcidas, infinitamente mais fortes do que eles. Ele, no entanto, tinha se radicado na Grécia, e ali traduzia. Frei Tomás de Aquino estimulava-o. Ele tinha necessidade vital de ler, num latim confiável, os tratados de Aristóteles.

Há muito tempo, tempo demais, os gregos (como então eram chamados, isto é, os bizantinos), nutriam-se daqueles grandes mestres do saber, aqueles detestados dissidentes, e sobretudo os árabes, ajudados por estudos de tradutores de todas as proveniências.

E trilhavam – sobretudo estes últimos – estradas originais em sua infatigável busca e colocavam perigosas pre-

missas numa apropriação erética do inigualável "mestre de todos aqueles que sabem". Por isso, Frei Tomás tinha pressa e apressava o seu prestativo amigo. Perseguia-o para conseguir dele, além dos tratados, os grandes comentários, tanto os antigos quanto os tardo-antigos sobre a obra de Aristóteles. Consegue muitíssimo, e num tempo relativamente breve. Guilherme traduziu: Política, Metafísica, Poética, Lógica, Retórica, como também Alexandre de Afrodísias, Amônio Temístio, João Filôpono, Simplício: em suma, toda aquela legião de intérpretes que se invoca quando o texto do mestre faz-se árduo, ou melhor, desagradável e, por que não dizer francamente, obscuro. Em breve, porque já se estava em 1261, alguns anos antes que o império "latino" de Constantinopla se dissolvesse, Guilherme foi nomeado penitencial da Cúria romana. E alguns anos depois o próprio Tomás impôs-se um inexplicável silêncio: não quis escrever mais nada e nem explicou por quê. Morreu em 1274, deixando aos seus admiradores a tarefa de elevá-lo à condição do Aristóteles cristão.

I

No ano de 367, com apenas dezessete anos Aristóteles desembarcou em Atenas, na Academia, na escola de Platão. Para lá afluíam, de todos os lugares, as melhores cabeças. Ele nasceu em Estagiros, na Macedônia, e seu pai tinha sido o médico pessoal do rei da Macedônia, Amintas, pai de Filipe, e depois do próprio Filipe. A Macedônia, pelo menos no tempo de Arquelau, que tinha morrido trinta anos antes, era um país que via a cultura ateniense com interesse, ou melhor, com avidez. Certamente foi a família reinante, juntamente com a restrita *elite* da corte, quem havia feito essa escolha, à la Pedro, o Grande, porém essa elite tinha vencido muitas forças externas para concretizar essa escolha filo-helênica, que também era uma opção estratégica: a Macedônia não visava a Ilíria, nem os Bálcãs, mas sim a Grécia, pela qual desejava ser aceita e que, com relação ela, o audaz e intrépido Filipe logo haveria de pretender impor a sua *liderança*. Demóstenes podia muito bem protestar contra a usurpada helenicidade dos macedônios.

Tal escolha era irreversível. Mandar, portanto, o promissor filho do médico da corte para a escola de Platão era, para a casa reinante da Macedônia, antes de mais nada um investimento: Aristóteles, o adolescente promissor, seria posto em contato com o centro do pensamento mais avançado do helenismo continental. Lá era praticada a ciência desinteressada por excelência: e exatamente por isso, aquela foi uma escolha auspiciosa. Aristóteles tinha sido enviado para fazer uma experiência intelectual, a mais avançada e nova possível, e não à mesquinha procura de um ofício. Iria nutrir-se daquela educação de rei a fim de trazer de volta ou transplantar para o seu país os frutos daquele extraordinário aprendizado e sobretudo para a educação do juveníssimo príncipe herdeiro.

Mas, precisamente naquele ano, Platão não estava na escola: estava na Sicília, envolvido com a sua segunda viagem. Entre a segunda e a terceira viagens transcorreram poucos anos: anos atormentados, nos quais Platão, já idoso, enfrentava as mais duras provas de sua vida. Foi esse Platão, entrado em anos e atormentado pela ruína siciliana, que Aristóteles conheceu. Aristóteles permaneceu na escola de Platão por vinte anos. Aquele que deveria ser um período de formação transformou-se numa adesão permanente, numa escolha de vida: tal era o fascínio por Platão e pelo seu ensinamento vivo. Nunca é demais insistir nessa escolha, nessa mudança de projetos existenciais determinados pelo encontro com o homem que – como chegou a escrever – "os malvados não têm nem o direito de elogiar". Não foi uma relação fácil, pois mestre e aluno eram inteligentes e tinham temperamentos diferentes. Um vestígio dessa tensão, que a tradição das escolas adversárias acentuou, está numa consideração sobretudo amarga atribuída a Platão, que se lê no início da vida diogeniana de Aristóteles: ou seja, que Aristóteles teria feito como os potros, "que dão coices na mãe que os gerou"[1]. Uma narração detalhada e triste de época tardia, mas de boa fonte, fala de uma verdadeira intolerância de Platão em relação a Aristóteles, chegando em dado momento até mesmo ao seu modo de ves-

---

1. D. L. V, 2.

tir-se e de cortar os cabelos, assim como pela ousadia intelectual do aluno, o que no fim levou-os ao rompimento[2].

Mas, acima dessas intolerâncias Platão sabia muito bem quem era e o quanto valia aquele jovem macedônio. Confrontando-o com o devotadíssimo, mas intelectualmente modesto Xenócrates (que depois iria sucedê-lo à frente da Academia), ele costumava comentar, ao que consta, "Como a um asno [Xenócrates], eu o ensino a lutar contra um certo cavalo [Aristóteles]!"[3].

2

Em Bagdá, Aristóteles estava em sua casa, e a sua casa era a "Casa da Sabedoria". O califa Al-Mamun tinha tido um sonho. Um velho tinha vindo sentar-se no seu leito, com fronte ampla, olhos de fogo e barba branquíssima, e em tom de reprovação havia-o incitado a retomar a chama do helenismo, desprezada pelos gregos. Al-Mamun despertou, desconcertado por aquela aparição premonitória, e fundou a Casa da Sabedoria, na qual os filósofos gregos eram lidos, traduzidos e comentados. Foi uma obra necessária aquela que os árabes se atribuíram, pois aos seus olhos os gregos – afora o grande Imperador Juliano – tinham se tornado intolerantes e queimavam as obras dos filósofos. Os califas foram, assim, os protagonistas de uma nova, grande etapa da longuíssima história do helenismo.

Os califas sabiam onde mandar procurar a obra do mestre. Na metade do século sétimo, no ano fatal de 339/340 da era cristã, eles tinham destacado do império as duas províncias mais importantes e mais cultas, a Síria (incluindo a Palestina) e o Egito. Estavam naquela região as escolas mais prestigiosas de filosofia, de geometria, de retórica, de medicina, e por acréscimo também as mais preciosas coleções de livros. E acima de tudo, existia Alexandria, que ainda brilhava, embora tendo sofrido as drásticas repressões dos bispos

---

2. Heliano, *VH* III, 19.
3. D. L. IV, 6.

cristãos obscurantistas; como aquele Teófilo, que havia destruído, numa exaltação selvagem dos seus fiéis, o templo de Serápis, onde estava guardada a biblioteca de Serapium, antiqüíssima fundação ptolomaica. Certamente que com a chegada dos árabes alguma coisa se quebrou: o patriarcado de Alexandria, sede de um dos cinco "papas" da policéfala cristandade, estava vago. Mas os livros haviam ficado ali, junto com os cidadãos que liam o grego e junto às escolas.

No século nono, o século de Al-Mamun e dos demais califas filo-helênicos, um fluxo de livros gregos movia-se no sentido da nova capital, Bagdá, e um grupo de tradutores bem adestrados já havia desenvolvido um trabalho meritório. Dispunham já de traduções do grego para o sírio, e depois traduziram do sírio para o árabe. Mas alguns mestres daquela arte traduziram diretamente do grego, como era o caso do grande conhecedor de Galeno, Hunain ibn Ishaq, que havia passado muitos anos em Alexandria e que havia contado, num livro fascinante, a sua experiência lado a lado com os "nossos amigos cristãos". E as suas traduções reproduziam preciosos manuscritos de autores gregos, entre outros de Aristóteles, que não encontravam similar na tradição que se salvou no Ocidente.

Eles quiseram conhecer tudo de Aristóteles. Não se deve esquecer que a tradição biográfica árabe sobre o mestre resulta, para nós, mais rica do que aquela grega[4]. *No* Kitab al Fihrist, *o grande catálogo de Al-Nadin, as obras de Aristóteles conhecidas pelos árabes já no fim do século X estão assim classificadas:*

1) *Os tratados de lógica, isto é,* Categorias, Da interpretação, Analíticos – Primeiros e segundos, Tópicos, Sofísticos *(isto é, as confusões dos sofistas) e, ao lado dessas pilastras que constituíam aquela extraordinária máquina de raciocinar, o* Órganon, *os tratados da* Retórica *e da* Poética. *Em apêndice a esse grupo, Al-Nadin lem-*

---

4. I. Düring, *Aristotele in the Ancient Biographical Tradition*, Göteborg, 1957, p. 470.

bra-se de alguns comentários sírios e árabes sobre esses tratados.
2) Os tratados relativos à física. As Akroasis Physiké *(a "Lição de Física": retornaremos à formulação desse título)*, Do céu e do cosmo, Da geração e a corrupção, os Tratados de meteorologia, Da alma, Da sensação *e os* Livros sobre os animais.
3) *"Os tratados das Cartas, também conhecidos sob o nome de Teologia". Trata-se na realidade dos livros da* Metafísica *e a referência às "cartas" remete à numeração dos livros, com destaque para a peculiaridade dos dois livros iniciais, assinalados com alfa (A, a).*
4) Os tratados de Ética *em doze livros. (Não existem indícios precisos de outras obras aristotélicas relativas à ética).*
5) *"Um tratado sobre o espelho, traduzido por Hagag ben Matar".*
6) *"Um tratado intitulado Theologoumena, que foi comentado por Al-Kindi".*

É claro que os estudiosos árabes acolhiam sob o nome de Aristóteles, e nele incluíam, os seus próprios textos sobre a obra do mestre, inclusive textos alheios e comentários. Compreender-se-á melhor isso se considerarmos que o estudo de Aristóteles não era puramente filológico para a cultura árabe: era, afinal – como no caso de Frei Tomás de Aquino –, o modo pelo qual exprimiam a sua pesquisa original, nova. Daí a indiferença pelos problemas de autenticidade. O mesmo ocorre no caso dos demais grandes autores que alimentaram a ciência árabe, Galeno e Euclides.

Por outro lado, a bem da verdade, o mecanismo era muito mais antigo. Desde o momento em que, na esteira do ensinamento de Platão e de Aristóteles, saía-se das escolas e essas escolas tendo demonstrado prestígio e durabilidade no tempo, o progresso da pesquisa filosófico-científica realizava-se através da interminável atividade de comentário e reescrita. Ao caso de Aristóteles juntava-se um fator religioso. O califado era um lugar de asilo para os heréticos cristãos das mais diversas espécies: nestorianos e monofisitas em primeiro lugar. Para muitos deles, Aristóteles – ou os escritos que se fizeram passar sob o seu nome – constituía-se na sustentação doutrinária. Daí a generosidade com que importantes comentários, aquele de João Filôpono, por exemplo, ou escritos pseudo-aristotélicos sobre a eternidade do mundo ou sobre a teoria do conhecimento (a "tábula rasa"!) vinham reunidos aos "grandes tratados". Aquilo que era herético em Bizâncio era bem acolhido em Bagdá. Nessa contenda Aristóteles foi um ingrediente primário.

Mas se os dois impérios se enfrentavam, os doutos viajavam e aquilo que se podia ler ou copiar em Bagdá, em Alexandria ou na Palestina, dava inveja também aos doutos bizantinos.

II

Em geral, o eco da política e da guerra não entrava nas escolas. Mas quando, sob o impulso um tanto fanático de Demóstenes, Atenas mobilizou-se em defesa de Olinto assediada por Filipe, rei da Macedônia, e Olinto capitulou, Aristóteles compreendeu que não era o caso de permanecer em Atenas. Interrompeu uma estada que havia durado vinte anos e foi embora para Tróade, na costa microasiática, defronte à Trácia e à Calcídica, na Atarnéia.

A sucessão dos eventos desencadeou-se precipitadamente. Demóstenes, que há algum tempo esperava sua oportunidade de falar na assembléia, era também o político mais influente. Ora falava com a dureza e segurança de educador da cidade, com a dureza (e sem o medo de parecer desagradável) que no século anterior havia caracterizado Péricles e Cléon. E obsessivamente incitava a luta contra Filipe, representado por ele, quando falava na assembléia como um criminoso monstruoso, sem escrúpulos, que tinha em Atenas o seu alvo principal.

Toda essa agitação desenfreada não podia passar indiferente para Aristóteles: ele era um súdito do rei da Macedônia, de quem seu pai fora médico pessoal, isto é, o cortesão mais importante e mais exposto. No último período do cerco de Olinto, Demóstenes tinha conseguido levar Atenas a intervir em apoio à cidade da Calcídica. Dessa forma, Atenas já estava em guerra com a Macedônia. Em setembro de 348, Olinto rendeu-se: sob o golpe dessa derrota, poucos meses depois, no início de 347, a direção política de Atenas passou para as mãos de Demóstenes e dos seus. Na primavera de 347, Aristóteles deixou Atenas e foi estabelecer-se na Atarnéia. Platão ainda não tinha morrido, morreu provavelmente em maio. Até a destruição de Tebas por Alexandre Magno e a derrota definitiva do partido de Demóstenes, Aristóteles não pôs mais os pés em Atenas.

É um equívoco colocar a fuga de Aristóteles em relação com a morte de Platão e a sucessão de Espeusipo, à frente da Academia. Era óbvio que Espeusipo sucedesse a Platão, seu parente, o que garantia, entre outras coisas, a continuidade da propriedade do solo onde surgira a escola. Acrescente-se que Espeusipo era o aluno mais próximo aos interesses filosóficos do último Platão. De todo modo, Aristóteles, que não era cidadão ateniense mas um súdito macedônio, não podia minimamente aspirar a suceder-lhe.

A decisão foi política. Sob o governo de Demóstenes, Aristóteles sentiu-se em perigo. Seguramente era suspeito e vigiado pelos radicais antimacedônios (do "partido patriótico"). Anos depois, Demócares, sobrinho de Demóstenes e seu herdeiro político, em circunstância sobre a qual retornaremos, tornou público que, na sua época, foram interceptadas cartas de Aristóteles nas quais ficava clara a sua função de "quinta coluna" a serviço da Macedônia[5]. Sem dúvida, um observador atento ter-se-ia perguntado por que efetivamente, em vez de voltar para a Macedônia, Aristóteles tenha preferido colocar-se num ponto estratégico como a Atarnéia.

3

As grandes potências espiam-se e reciprocamente roubam os segredos científicos, inclusive para aplicações práticas. O mesmo acontecia entre o califa e o imperador grego. A comparação pode parecer por demais insatisfatória ou

---

5. *Oradores Áticos*, ed. Müller, fr. 2.

modernizante. No entanto, também a caça aos livros de filosofia dos cientistas gregos entrava nessa rivalidade – emulação que não excluía os golpes.

É sabido que nos modelamos pelo adversário.

Em Bizâncio, entre os fatores que induziam a resgatar antigos livros da importância do corpus *aristotélico, havia seguramente aquilo que, para os embaixadores, para os viajantes, para os mercadores, era Bagdá real.*

Na verdade, o estímulo para procurar nos mosteiros e nas igrejas os antigos livros tinha nascido, em Bizâncio, devido a vários fatores, aí incluída a luta pró e contra as imagens sagradas. Foram em particular os iconoclastas que adotaram essa caça num ano que nos é conhecida com exatidão devido a uma excelente fonte que lhes era adversa: o ano de 814. Mas, e quanto a Aristóteles? Certamente adotaram-no como texto "universitário" altamente formativo. Fócio, que foi patriarca na segunda metade do século IX, e que em 814 era um menino ou quando muito adolescente, escreveu posteriormente um comentário às Categorias, de Aristóteles, *isto é, ao texto principal da coleção principal, o* Órganon, *a "máquina" lógica que a cultura da época propunha como base para toda a ciência*[6]. *Não sabemos quanto tempo antes dele, e de sua febril atividade como leitor e exegeta, que esteve na liderança de um círculo de estudiosos, Aristóteles já estava incluído entre as leituras "universitárias" em Bizâncio. Para nós, que temos que nos contentar com o pouco material remanescente, o mais antigo manuscrito conservado das* Categorias, de Aristóteles *é, se aceitarmos a expressão, "coetâneo" de Fócio. Por outro lado, o fato de Fócio ter sentido a necessidade de escrever comentários significa talvez que não circulassem livremente os comentários de Filôpono ou dos demais comentadores mais antigos. Porém, dos inúmeros capítulos da tal Biblioteca fociana dedicados a várias obras de Filôpono, podemos inferior que, pouco a pouco, Fócio e o seu grupo conseguiram encarregar-se das obras daquele douto, que tinha estado*

---

6. Dele restam fragmentos no códice *Monacense grego* 222 e nas *Questões de Anfilóquio* 137-147.

ativo em Alexandria pouco antes da chegada dos árabes. Eram obras que, em Bizâncio, vinham rotuladas como heréticas pela maneira com a qual Filôpono expressava o seu aristotelismo na teologia cristã, mas que em Nisibis e em Gunde-Shapur tinham sido acolhidas, lidas e traduzidas para o sírio pelos cristãos nestorianos, quando o imperador Zenon fechou a escola de Edessa.

Fócio proclama manter a mais impoluta distância dos heréticos nestorianos, entre os quais o aristotelista maior João Filôpono. Porém ele o faz de modo a chamar a atenção para os seus livros. É lícita a suspeita de que o caminho que aqueles livros percorreram para chegar a Bizâncio viesse do Oriente. Certamente, a "coleção filosófica", isto é, o importante acervo platônico e neoplatônico que veio sumariamente indicado como tal (Platão, Proclo, Damáscio, Olimpiodoro, os Comentários, de Aristóteles) chega à capital do império, a Alexandria, no fim do século IX. Os notáveis manuscritos que fizeram chegar aos estudiosos bizantinos aqueles textos, antes de tudo inocentes aos olhos da teologia cristã, encontram-se conservados até hoje nas bibliotecas da Europa.

III

Desembarcado na Ásia, Aristóteles fundou uma escola, ou um cenáculo filosófico, que mais parecia um anexo da escola platônica. De fato, vieram com ele, sob a proteção do dinasta local, Hérmias, outros dois platônicos: Erasto e Corisco. Esse dado não tinha sido percebido até a ocasião em que foi descoberto, no começo dos Novecentos, um papiro egípcio que continha um bom pedaço do comentário de Dídimo, o alexandrino, a Demóstenes. Vamos ver por quê, uma vez mais, os percursos de Demóstenes e Aristóteles voltam a se encontrar. Informa-nos também Dídimo sobre um dado muito interessante: que foi Hérmias quem chamou os três – Aristóteles, Erasto e Corisco – para virem à sua terra[7].

---

7. Dídimo, *Comentário sobre Demóstenes*, col. 5, II 53-55.

É, portanto, chegado o momento de entender quem foi Hérmias. Quem o revela é Demóstenes. Na assim chamada *Quarta Filípica* – que se compõe de uma centena de diferentes discursos –, há uma passagem muito importante, datável com precisão em 340-39, na qual Demóstenes lança um grito, um tanto ferino, de triunfo:

> O agente e cúmplice de Filipe – assim ele se exprime em tom duro e com ar de quem pode finalmente fazer uma revelação –, durante a ação que Filipe prepara contra o Grande Rei, foi finalmente preso. Assim, o Grande Rei virá a conhecer toda a trama e não através de nossas acusações, que poderiam parecer geradas pelos nossos interesses particulares, mas diretamente através do principal artífice e executor[8].

Esse agente é Hérmias, dinasta da Atarnéia; a trama contra o Grande Rei é a campanha contra a Pérsia, para a qual Filipe preparava-se há tempos e que tem como uma das etapas o cerco a Bizâncio; a prisão de Hérmias aconteceu de fato naquele momento por obra de Mentor, sátrapa fidelíssimo ao rei da Pérsia. A prisão de Hérmias teve depois, como sabemos por uma série de fontes, conseqüências dramáticas: o homem foi massacrado e horrivelmente torturado para que não somente falasse, mas para que sofresse o máximo possível. Nas palavras um tanto aterrorizantes de Demóstenes ("Assim, o Grande Rei virá a conhecer [...] diretamente" através do preso aquilo que os nossos meios tinham tentado fazê-lo acreditar) nota-se a plena consciência dos "métodos" com que o rei da Pérsia arrancava a verdade de suas vítimas. Sabia que há torturas às quais é impossível resistir. A ferocidade eufórica dessa bravata de Demóstenes merece ser assinalada.

Mas arrisca-se a perder o ponto mais importante. Demóstenes *já sabe* aquilo que Hérmias deverá confessar; sabe também um segredo importante do rei macedônio: que Hérmias é um agente de Filipe, encarregado de preparar, dada a posição estratégica controlada por ele, o ataque macedônio. Demóstenes sabe tudo isso porque tem espiões infiltrados no campo adversário. Se não o declara em público na *Filípica* é porque,

---

8. Demóstenes X, 32.

de todo modo, o espião inimigo tinha caído na armadilha. Espião é o termo adequado porque Hérmias é, oficialmente, um dinasta protegido pelo rei da Pérsia e que tem sua sede em território do reino da Pérsia: mas trabalha secretamente para Filipe. Exatamente *por isso* Hérmias teve sempre que agir com extrema cautela: entre outras coisas, porque o Grande Rei também tem seus homens e seus serviços (e um dos homens que estava no seu livro-caixa era precisamente Demóstenes, como se pode verificar quando Alexandre abriu os arquivos persas)[9]. Dessa cautela uma parte essencial consistia em poder manter os contatos com Filipe através de intermediários insuspeitos. Eis por que (a conjectura é legítima e plausível) ele havia infiltrado seus homens na escola de Platão, os quais tinham estado junto a Aristóteles sob o excelente subterfúgio de freqüentarem os estudos naquela escola em que tudo era fechado, resguardado dos olhares da cidade. Corisco era nativo de Esquépsis, em Escamandro, ou seja, praticamente vinha do "reino" de Hérmias. A Academia platônica assemelhava-se, para os modernos, a um *college* do tipo de Oxford ou Cambridge: talvez não seja forçada a comparação se nos recordarmos de quantos espiões de alto nível passaram por esses *colleges*. Ainda são um mito aqueles "cinco de Cambridge". Porém, retornando a Aristóteles, compreendemos agora porque ele, assim que Demóstenes chegou ao poder, afastou-se de Atenas com aqueles outros dois, tendo os três se instalado em Atos, próximo à Atarnéia, para ali prosseguir (nos limites do possível!) a atividade de pesquisa que desenvolviam na Academia. Depois, após alguns anos, Aristóteles foi chamado à Macedônia para ser o preceptor de Alexandre, filho de Filipe. Que maior distinção do que essa para um intermediário de alto nível do que ser chamado à corte, ele, filho do médico de Filipe, com a tarefa de ser preceptor do herdeiro? A estada ateniense não havia feito dele um dos sábios mais renomados do seu tempo? Portanto, ele era o preceptor ideal para o herdeiro ambicioso de um igualmente ambicioso soberano. Quem poderia suspeitar do fato de que um macedônio dessa enver-

---

9. Plutarco, *Demóstenes*, 20, 4-5.

gadura, depois de Atenas, passasse por Tróade para fazer uma escola de acordo com o modelo que havia aprendido em Atenas, e que, depois, fosse chamado para o seu país exatamente devido à sua fama? A quem esse ir e vir poderia parecer suspeito? Talvez exatamente a Demóstenes, já que, alguns anos depois, o seu próprio sobrinho e herdeiro Demócares brandia uma carta daquele filósofo (já morto) para demonstrar que o grande intelectual foi, na realidade, um agente macedônio.

As manobras militares ocorridas sucessivamente à prisão de Hérmias são, por outro lado, indicativas: Filipe marchou igualmente contra Bizâncio e Demóstenes, empreendeu frenética atividade diplomática a fim de criar uma ameaçadora coalizão antimacedônia na Grécia, a qual, de fato, foi a "distração" que obrigou Filipe a mudar de rota, entrando na Grécia central pelo Desfiladeiro das Termópilas e ganhando a batalha com os "patriotas" a serviço da Pérsia na batalha campal de Queronéia (agosto 338).

4

Antes da chegada dos árabes, coexistiam felizmente em Alexandria, na escola neoplatônica, a orientação neoplatônica de fundo com o estudo e o comentário dos tratados de Aristóteles. Essas duas correntes de pensamento, ao mesmo tempo distante e conflitantes, de qualquer forma convergiam, embora com uma abertura comum à influência cristã. A orientação científica, isto é, a atenção às ciências empíricas, típica da Alexandria, fazia, na verdade, com que os "platônicos" de Atenas (Damáscio, Isidoro) permanecessem como tais em plena ortodoxia, enquanto os alexandrinos (Amônio, Simplício, João Filôpono) escorregavam em direção ao aristotelismo.

Amônio, filho de Hérmias, morreu na primeira metade do século VI, depois de ter sido escolarca, por muito muito tempo, da escola neoplatônica de Alexandria: a escola na qual, no início do século precedente, havia ensinado e onde fora assassinada Hipátias, filha de Téon. A atividade de

Amônio deslocara-se em direção a Aristóteles, a cujo respeito dava aulas e de quem havia comentado numerosos tratados[10]. *Seu ensinamento influenciou seus alunos diretos: Simplício, Damáscio e João Filôpono.*

Destes, Damáscio assumiu a direção da escola de Atenas e foi estudioso sobretudo de Platão, mas comentou também os escritos aristotélicos sobre o céu. Simplício, que sucedeu a Damáscio, dirigia a escola de Atenas quando Justiniano a fechou (529): daí o seu breve exílio junto a Cosróes, soberano persa (529-533). Simplício comentou quase que exclusivamente Aristóteles, por quem Cosróes havia demonstrado ser particularmente ávido. O soberano sassânida tinha tal conhecimento de Aristóteles – como narra o historiador Agátias[11] – *a ponto de tornar plausível a conclusão de que a obra do estagirita tivesse estado muito presente na sua corte.*

João, dito o Filôpono ("amante da fadiga"), devido à sua extraordinária atividade, ou talvez ainda porque pertencia à confraternidade alexandrina dita dos "Filopônos", viveu até o fim do século VI. (Ibn-al-Qifti, séculos depois, imaginava-o ainda ativo em Alexandria, na época da conquista árabe, mas isso ocorreu por causa de um erro cronográfico que teve uma certa difusão mais tarde). João era cristão. Teve grande influência tanto sobre o pensamento bizantino quanto sobre o árabe. Ao estudar e comentar Aristóteles, ele abriu o caminho que levou à física moderna (queda dos corpos, propagação da luz etc.). O seu grande projeto era conciliar a filosofia grega com a teologia cristã. E o ponto de encontro mais fecundo parecia-lhe ser a grande construção aristotélica; pelo menos por duas boas razões: pela noção de Deus como motor imóvel do universo e pela doutrina da imortalidade da alma. Por isso, nos seus impetuosos comentários a Aristóteles recorria ao Mestre do Liceu para defender o cristianismo. É a primeira tentativa orgânica nesse sentido: mas suas simpatias monofisitas expuseram-no, no que se refere à autoridade ecle-

---

10. *CAG* IV, 3-5.
11. *Histórias* II, 28, 2.

siástica, a uma previsível condenação, a qual teve como efeito retardar-se por séculos a conjugação realizada, mais tarde, por Tomás de Aquino.

O ponto mais árduo de se combinar era – como é fácil compreender – a concepção da eternidade do mundo. João enfrentou-a pelo menos duas vezes: nos dezoito livros: Contra Proclo sobre a eternidade do mundo, e nas Réplicas a Aristóteles sobre a eternidade do mundo *(que não chegou a nós senão através das citações que lhe faz Simplício no seu comentário ao tratado aristotélico* Do Céu*)*. E tentou ainda sustentar a possibilidade de se conciliar a realidade física com a narrativa bíblica da "criação" (Discursos Exegéticos sobre a Cosmogonia de Moisés). *João terminou o primeiro dos dois tratados sobre a eternidade do mundo em 529, exatamente quando Justiniano fechava a escola de Atenas, então dirigida por Simplício, e quando caçava os filósofos com sanha tipicamente obscurantista.*

Visto que eles se refugiaram junto a Cosróes com seus livros, a repressão justiniana contribuiu para empobrecer ulteriormente o império, enquanto na capital promoviam-se fogueiras santas com os livros "gregos" (isto é, pagãos)[12]*. Quando, cerca de um século mais tarde o império perdeu as suas províncias mais cultas (nas quais provavelmente não se seguia ao pé da letra a orientação antigrega e antifilosófica), o resultado foi que os textos dos autores perseguidos não eram mais encontrados nos territórios do império grego, mas sobretudo nas cidades e escolas que se encontravam sob o domínio dos novos conquistadores. Esse fato facilitou a sorte de Aristóteles no mundo islâmico, no qual uma tese como aquela da eternidade do mundo não criava nenhum incômodo.*

IV

Aristóteles estava ligado profundamente a Hérmias. Havia casado com sua irmã (ou sobrinha), Pítia, apreciava sua

---

12. Giovanni Malala, *Crônica* XVIII, (ano 562), p. 491, Bonn.

grandeza intelectual. Aristipo contava, não se sabem com qual fundamento e com o propósito de colocar Aristóteles em péssima situação, que a mulher por quem Aristóteles enamorou-se, e que desposou, na verdade era uma das concubinas de Hérmias e que Hérmias deu-lhe seu consentimento para tal união. Aquilo que deveria ser uma maledicência na intenção do malvado contumaz Aristipo, tornou-se posteriormente um detalhe que prova a grande e nobre amizade que havia. Alguma coisa do gênero verifica-se, de modo obviamente mais romanesco, no início de *O que fazer?*, de Tchernitchevski... Grandeza intelectual e opção de investir toda a existência numa causa, e do modo mais arriscado, mais árduo e mais eficaz, isto é, através da ação secreta, não raramente andam juntas. Torturado e fechado em obstinado silêncio, Hérmias foi crucificado. Quando lhe perguntaram se queria expressar uma última vontade, disse: "Anunciai aos amigos e aos companheiros que nada fiz que não fosse conveniente à filosofia e à dignidade".

Autênticas ou não, essas palavras não devem soar exageradas ou exageradamente retóricas. Para Hérmias, que colaborava, em segredo com Filipe na preparação da guerra contra a Pérsia, aquela à qual agora sacrificava a sua vida era *a causa* por excelência, constituía um novo capítulo na longa luta contra os persas, tema de mobilização constante para os gregos da Ásia.

Porém, era também um tema de mudança da consciência grega, alternativa à mesquinhez individualista daqueles que, não obstante as altissonantes proclamações, das quais até Demóstenes estava impregnado, traziam além disso o perfil de "realismo político" instrumental de submissão à Pérsia, na pior tradição do conflito com Esparta pela hegemonia. Hérmias tinha alguma razão muito fundamentada para insistir em morrer por uma grande causa.

A narrativa da morte de Hérmias deve ter origem provavelmente na "lenda" criada em torno dele, mantida viva no âmbito macedônio: em particular pela historiografia que, depois de Teopompo, com Anaxímenes, Calístenes e outros, narrou a história grega do ponto de vista de Filipe e de Alexandre. Chegou até nós através de Dídimo, o qual seguramente lia Anaxímenes. Mas é notório que um homem de nome

Apélicão, que aparecerá a seu tempo, outra vez, na nossa história, havia escrito um livro inteiro sobre as relações de Aristóteles com Hérmias[13]. Para celebrar o martírio de Hérmias, Aristóteles escreveu uma lírica de beleza extraordinária, que começava com estas palavras: "Virtude, rica fonte de trabalho para o gênero humano, prenda belíssima da vida: pela tua beleza, ó virgem, até morrer na Hélade é invejável sorte"[14]. Aristóteles também foi poeta: já velho escreverá, numa confissão fulminante: "Quanto mais fico só, mais consolo encontro no mito"[15]. Nas palavras com que celebrou Hérmias havia a terrível convicção de reivindicar-se o caráter virtuoso da causa pela qual Hérmias foi sacrificado. E intencionalmente disse: "Na Hélade" se morre – como morrera Hérmias – pela virtude, o que significava que a Grécia de Demóstenes não era a única Grécia.

Alguns meses antes de Queronéia, na primavera de 338, morreu Espeusipo, e a Academia teve que enfrentar o problema da sucessão. É significativo também o fato de que o nome de Aristóteles estivesse entre aqueles em vista: devido à situação, era um sinal de independência com relação ao poder político, que naquele momento estava totalmente nas mãos de Demóstenes, empenhado numa espasmódica campanha belicista. Conclui-se então que era praticamente impensável que Aristóteles, eleito, aceitasse retornar a Atenas, exatamente no momento em que os tratados com Filipe já tinham sido denunciados, e a cidade, tomada por um dos seus recorrentes *acessos* de megalomania, preparava-se para a guerra contra a Macedônia. De qualquer modo, foi eleito o velho e medíocre Xenócrates, o qual deveria estar, antes de tudo, próximo ao "patriotismo" demostênico (talvez tenha sido também esse o motivo pelo qual, naquele momento, a escolha tenha recaído sobre ele). Ou talvez fosse, também, pela constante rivalidade que o opunha a Aristóteles, ou ainda porque ele concretizava, no plano político, o rigorismo com o qual tinha ancorado a sua "máscara". É óbvio que ele ignorava o rio de dinheiro que

---

13. Eusébio, *PE* XV, 15 (p. 793).
14. Dídimo, *Comentário sobre Demóstenes*, col. 6, II. 22-38; D. L. V, 7; Ateneu XV, 696 C.
15. Fr. 668 Rose.

Demóstenes recebia da Pérsia, ao passo que mantinha os ouvidos cheios das acusações de corrupção que Demóstenes e os seus faziam recair cotidianamente sobre políticos filomacedônicos. Por isso, enviado numa comitiva diplomática com outros atenienses a Filipe, foi o único que Filipe não quis nem ao menos admitir à própria presença. No retorno, os demais acusaram-no pelo resultado ineficaz, pela sua atitude, mas ele defendeu-se com o argumento típico daqueles anos: "Mas eu não recebi presentes". Magnânimo e irônico, Filipe confirmou que era verdade[16].

Ao contrário da cordialidade que Aristóteles sabia manifestar com relação aos mais diversos aspectos da existência, Xenócrates interpretava a própria "máscara" de modo tétrico. Frinéia, a mais bela mulher livre daquele tempo, quis tentá-lo. Apareceu de improviso na sua casa dizendo-se perseguida[17]. Xenócrates acolheu-a e teve que dividir com ela o único pequeno leito de que dispunha. Ela então usou de todos os recursos para fazer-se amar por ele. Foi em vão. Desiludida, foi-se embora e a quem lhe perguntava como tinha sido, respondia: "não saí da casa de um homem mas de uma estátua". Parece que numa outra vez, os discípulos haviam feito com que ele encontrasse na cama Laídes, que não era menos bela que Frinéia, mas ele resolveu o problema fazendo cauterizar o próprio sexo. Era a única pessoa de quem os tribunais de Atenas aceitaram o testemunho sem exigir que primeiro prestasse juramento. Escolarca durante pelo menos 25 anos, esse homem, de um modo comovente, escreveu incansavelmente e sem originalidade em todos os campos dos quais Platão já havia tratado: os autores dos catálogos calcularam que, ao todo, tinha escrito 224.239 linhas[18]. Mas dali a pouco, na precipitação dos acontecimentos, também ele encontrou-se às voltas com a grande política.

Depois da Queronéia, Filipe teve que enfrentar uma situação inédita. A própria política imprudente de Demóstenes, que resultou em derrota, impôs-lhe que assumisse um papel

---

16. D. L. IV, 8-9.
17. *Idem*, IV, 7.
18. *Idem*, IV, 14.

de aberta e direta hegemonia na Grécia continental. Sem aquela improvisada coalizão que se desfez na Queronéia, esse avanço teria sido provavelmente adiado ou deixado de lado. Mas agora as prioridades políticas e militares tinham-se invertido: antes de retomar o projeto principal da campanha contra a Pérsia, era necessário reordenar estavelmente o mundo das cidades gregas, mais turbulento do que o previsto, e ao qual não se poderia mais permitir, doravante, a possibilidade de se criar embaraços nos flancos do exército macedônio, antes ou depois de empenhar-se na Ásia. Daqui se originou a hábil escolha de uma grande reconciliação com Atenas (Demóstenes pôde até ficar no poder) e, ao mesmo tempo, deu-se o relançamento da aliança pan-helênica, porém com Filipe na principal posição.

Filipe seguramente levava a vantagem, freqüentemente invejada por Demóstenes, de poder decidir sozinho e rapidamente sem o obstáculo da assembléia democrática[19]. O seu poder centralizado e autocrático era, tanto na guerra quanto no duelo diplomático, uma enorme vantagem. Mas tinha também um reverso negativo: os ódios ferozes na corte. Quando tudo já parecia estar pronto para a campanha na Ásia, ele foi assassinado, e parece certo que sua mulher, Olímpia, morbidamente propensa a limpar o caminho do trono para o filho, não desconhecia a conspiração. Em julho de 336 Alexandre sucedia seu pai. A ilusão de Demóstenes e de seus aliados nas cidades perdedoras da Queronéia era de que o jovem de apenas vinte anos não estivesse à altura: Demóstenes, ironizando-o, chamava-o "Margites"*, demonstrando mais uma vez como é míope e auto-destrutivo aquele político que crê na própria propaganda. O presumido "Margites", que tivera como preceptor Aristóteles e como modelo político seu pai Filipe, acabou com os rebeldes, arrasou numa ação fulminante e destrutiva a revolta de Tebas (outubro de 335), eliminando assim, de forma definitiva, qualquer eventual ambição das cidades ou dos grupos políticos de retomar a discussão das ordens enviadas

---

19. I, 4; II, 23; IV, 36; VII, 11, 32-33; XVIII, 235 etc.

* Recorde-se que esse é o título de um poema burlesco atribuído a Homero. (N. da T.)

da Queronéia. Demóstenes cedeu a outros o timão. E Aristóteles, agora que sua tarefa de preceptor estava concluída, voltou a estabelecer-se em Atenas: na primavera de 334, enquanto Alexandre começava o ataque, tantas vezes adiado, contra o rei da Pérsia.

Aristóteles veio para Atenas. E "ensinava no Liceu", como se diz, com grande exatidão, a *Crônica,* de Apolodoro: portanto, não havia ainda instituído a *sua* escola, mas não tinha retornado mais à Academia, dirigida então por Xenócrates. Por que retornou? A pergunta não pode deixar de ser feita: ele fora embora na primavera de 347, doze anos antes; tinha sido descartado como sucessor de Espeusipo, enquanto sopravam os ventos da guerra entre seu país e Atenas; não havia deixado alunos para atender, nem a escola na qual havia estudado por vinte anos estava pronta para acolhê-lo, assim como os vencidos na longa guerra contra a Macedônia não poderiam ser mais benévolos para com ele agora do que no passado. E mesmo assim voltou. As razões para isso podem ser muitas. Antes de mais nada, o fim do governo de Demóstenes e a certeza, depois da destruição de Tebas, de que daquela parte não viriam mais surpresas. Talvez também um papel político "reservado" que ele jamais abandonou: no seu testamento designou como seu único executor testamentário Antípatro, o homem que Alexandre havia posto como tutor da ordem macedônia na Grécia[20]. Esse dado é tanto mais eloqüente para esclarecer as relações de Aristóteles com os níveis superiores do poder macedônio. Um dado desse gênero permite-nos pegar os fios que se encontram por trás da cena a moverem os personagens: Antípatro e Aristóteles moviam-se em uníssono quando ambos foram à Grécia durante a ausência previsivelmente longa de Alexandre. Depois, há outro gênero de fatores. Intelectualmente, Atenas continuava a ser uma cidade de grande atração, e ensinar em Atenas era muito mais estimulante do que na capital da Macedônia, por maior que tivesse sido a obra de integração filo-helênica de Arquelau em diante. E sobretudo há o interesse de Aristóteles pela cidade como for-

---

20. D. L. V, 12: ἐπίτροπον εἶναι πάντων χαὶ διὰ παντός.

ma política. A reflexão política não é preponderante nele como o fora em Platão, mas não obstante ocupa uma parte relevante no âmbito do seu pensamento.

Para as suas aulas de política, incluídas no tratado em oito livros que dele se conserva, ele havia estudado e feito estudar centenas de constituições de cidades, além de leis e usos dos "bárbaros". Atenas era também um ponto de observação privilegiado para a reflexão política. Se olharmos com maior profundidade para a sua alma de homem nascido numa pequena cidade grega periférica, rapidamente colocada na órbita de uma forte monarquia feudal-militarista, como era a Macedônia, percebemos que o seu "Estado Ideal" é uma cidade, certamente não presa ao predomínio democrático radical, mas regida pelas leis e tendo como fulcro a classe média proprietária. Certamente um ideal, mas que não se identifica com a monarquia de seus soberanos. Aristóteles sabe muito bem que muitas cidades bem-ordenadas desse gênero podem gravitar na órbita de uma monarquia hegemônica, e que metrópoles democráticas e imperialistas, como era Atenas nos tempos da sua grandeza e como Demóstenes ainda a sonhava, entravam em choque com um cosmo bem-ordenado como aquele construído por Filipe depois da vitória. Porém, isso não impedia que o modelo da convergência política ainda continuasse, para ele, na cidade, e Atenas era, desse ponto de vista, um observatório privilegiado. Eis portanto, na sua tessitura e convergência, as razões que o levaram a decidir-se a recomeçar, a viver uma nova estada ateniense, de radicar-se em Atenas por meio do único instrumento para ele perfeitamente conveniente e proveitoso: o ensino.

5

A edição de Aristóteles sobre a qual trabalharam Simplício e João Filópono, e antes deles o sírio Porfírio (III d.C.), quando estabeleceu o texto dos Enéadas, *de Plotino (205-270 d.C.), era aquela que marcou época no tempo de Augusto, preparada por Andrônico de Rodes e precedida por um "catálogo explicativo", intitulado* Sobre os Escritos de Aristóteles, *obra do próprio Andrônico. Esse "catálogo explicativo" devia incluir uma parte biográfica sobre Aristóteles, complementado por documentos, entre os quais aquela correspondência trocada com Alexandre Magno, que Aulo Gélio, cerca de dois séculos depois, transcreveu sem se perguntar se se tratava verdadeiramente (como é possível) de textos autênticos*[21].

Como trabalhou Andrônico? É Porfírio quem explica na Vida de Plotino, *num texto muito similar ao "catálogo explicativo", de Andrônico, transmitido junto com os Enéadas, e no qual Porfírio demonstra todos seus hábeis dotes de filólogo. Diz-se também que, naquilo que se referia a Andrônico e à sua edição aristotélica, Porfírio sabia bem do que falava, ele que também tinha dedicado uma introdução às* Categorias, *de Aristóteles, que se tornou um clássico da lógica medieval na tradução latina de Boécio (VI d.C.). Porfírio escreveu, desse modo, que Andrônico havia "reagrupado em Tratados o conjunto dos escritos de Aristóteles, de acordo com o critério de afinidade temática"*[22]. *Isso quer dizer:*

1) *Que, com o termo Tratados, Andrônico referia-se às grandes subdivisões nas quais o* corpus *aristotélico é, assim, estruturado (Ética, Física, Lógica, Metafísica etc.). É no confronto com o critério adotado por Porfírio para os escritos de Plotino que nos baseamos para deduzir que esse é o valor daquele termo. Dessa forma, Tratado é todo o* Órganon, *e não cada escrito em particular que Andrônico reuniu:* Categorias, Interpretações, Analíticos *etc. Tem-se a impressão de que certos "tratados" (como por exemplo, a muito discutível sucessão dos oito livros da* Política*) poderiam ter sido escritos por Andrônico.*

2) *Que, antes da intervenção editorial de Andrônico, o conjunto de escritos com o qual aquele homem teve que trabalhar apresentava-se numa sucessão casual e desorganizada, privado de qualquer organização.*

---

21. Gélio, *Noites Áticas*, XX, 5.
22. Porfírio, *Vida Plotino* 24.

Porém, uma pergunta então se impõe: como é possível que, mais de três séculos depois da morte de Aristóteles (322 a.C.), o corpus de seus escritos estivesse ainda em tal desordem, em tal situação precária e, para completar, privado de qualquer cuidado editorial sério? Se essa é uma situação inconcebível para qualquer outro autor, com maior razão o seria para Aristóteles, que pôde contar com uma escola que se estendeu ao longo do tempo. Por outro lado, Andrônico teve que agir como "pioneiro", como aquele que se move sobre um terreno ainda não pisado, novo. De fato, a verdade surpreendente é que ele encontrou-se na situação de trabalhar como pioneiro na medida em que se achava diante de uma redescoberta. A redescoberta tinha acontecido alguns decênios antes, como sabemos por fontes diversas, e entre as outras pela do geógrafo Estrabão, que também floresceu no tempo de Augusto e que foi depositário, em primeira mão, dos relatos sobre a história daqueles livros[23].

Silas, no desenrolar do duro conflito com Mitrídates, quando conquistou Atenas (86 a.C.), levou-os para Roma no seu espólio de guerra. Não foram fáceis aqueles anos que se seguiram, entre guerras civis, proscrições, ditadura, os seus conseqüentes tormentos, que continuaram inclusive depois da morte de Silas (78 a.C.). Aqueles livros passaram ao seu filho, Fausto, que por sua vez foi assassinado em 46 a.C. O bibliotecário particular de Silas era o sábio gramático Tiranião (que depois foi mestre de Estrabão e que certamente o informou sobre essa história). É fácil intuir-se que aqueles preciosos achados não eram mantidos à chave. Se se considerar o modo como funcionavam em Roma os círculos literários, podemos muito bem deduzir que os freqüentadores de Silas e de seu filho – entre os quais, por exemplo, havia um apaixonado por filosofia grega, que era Cícero – haveriam de ter chegado à descoberta daqueles livros. Os livros novos circulavam sempre da mesma forma: os cultos liam-nos na casa de outros cultos, quase sempre fazendo cópias parciais. Lúculo e Silas dispunham de bibliotecas particu-

---

23. Estrabão XIII, 1, 54, p. 608.

lares imponentes: o próprio Tiranião parece que tinha também uma imponente coleção de livros. Tutor, mas na verdade detentor dos livros de Fausto Silas, Tiranião não hesitou em lançar mão dos importantes escritos inéditos aristotélicos: "ajeitou-os", visto que os textos que Silas havia trazido consigo estavam em condições precárias[24]*.*

O "reencontro" dos livros, por parte de Silas, portanto, não foi obra do acaso. Não devemos imaginar que o brilhante e culto patrício romano, vencida Atenas, se tivesse posto a vasculhar a cidade à caça de prendas culturais. Na realidade, aqueles livros tinham sido encontrados não numa residência qualquer, mas na de um personagem, Apelicão de Teo, que fazia parte do grupo dirigente da Atenas filomitridática.

Apelicão é descrito por seu contemporâneo Possidônio[25]*, em essência, como um cleptomaníaco de livros e documentos antigos: mas provavelmente se trata de uma pérfida caricatura de Possidônio. Dentre os apaixonados peripatéticos, Apelicão foi um dos últimos autores, entre outras coisas, de um tratado sobre a amizade de Aristóteles por Hérmias de Atarnéia. Era amigo e homem de confiança de Atenião, o político que havia animado a reconquista anti-romana de Atenas, também ele delineado por Possidônio como meio criminoso e portador de interesses filosóficos de quarta categoria (pelo menos aos olhos de seu difamador). Por meio dessas narrativas hostis, chega-se à conclusão de que aquela última reconquista de Atenas foi promovida propositalmente por um setor da sociedade que proclamava a grandeza do passado daquela cidade, nela incluída sua tradição filosófica. "As escolas dos filósofos estão fechadas!", havia gritado Atenião, segundo Possidônio, durante o comício no qual o ânimo dos atenienses tinha sido fulminado com a notícia da derrota imposta a Mitrídates pelos odiados romanos.*

Porém, como é que Apelicão possuía aquele tesouro?

---

24. Plutarco, *Sila* 26.
25. Possidônio fr. 36, 53 Jacoby (Ateneu, V 214 D-E).

V

Ensinar em Atenas deu finalmente a Arstóteles grandes satisfações. Ele dá as suas aulas no Liceu, um ginásio público situado na área do Liceu Apolo, no nordeste de Atenas. Os locais porém não são ainda propriedade da escola, e sê-lo-ão por concessão de Demétrio Falério (317-307 a.C.) apenas muito mais tarde.

Em torno dele concentra-se já uma escola, na qual o ensino é sustentado por uma autêntica e real organização para pesquisa: não apenas uma biblioteca mas também um equipamento científico para a pesquisa de história natural. Alexandre estava longe mas protegia com sua autoridade a nova instituição implantada por seu mestre em Atenas. O soberano emitiu uma ordem que conhecemos graças à enciclopédia de Plínio, o Velho[26]: mobilizava em caráter permanente caçadores, pescadores ou simples diletantes para que efetuassem coleta constante de amostras das várias espécies de animais para formar a coleção que, ao que parece, vinha sendo constituída no Liceu.

Mesmo que sempre surja uma suspeita de confusão com respeito às sucessivas coleções do Museu de Alexandria (instituição que uma tradição constante e crescente coloca, não sem razão, sob o signo de Aristóteles), é provável que a notícia de Plínio seja exata: ela parece encontrar motivo na grande riqueza de observações empíricas presentes nos livros de pesquisa aristotélicos sobre os animais. O próprio Aristóteles, nos livros intitulados *Estudos dos Animais*, faz muitas referências às informações provenientes de pescadores, caçadores e passarinheiros.

A ligação que, mesmo a distância, unia Alexandre ao seu mestre, era personificada fisicamente por Calístenes, sobrinho de Aristóteles. Da Babilônia, no séquito do soberano vencedor, Calístenes havia enviado relações detalhadas sobre astronomia babilônica[27]. Contribuia assim, também ele,

---

26. *História Natural* VIII, 44.
27. *CAG* VII, 506, 11.

para aquela mobilização de forças que convergiam para a escola. E era também sinal de apoio ao mestre aquela voz de Calístenes que vinha de longe, do grande exército invencível à qual se tinha unido o jovem e brilhante historiador, a despeito das aflitas recomendações do mestre. Para o mestre, era uma preocupação séria, mais do que tudo uma aflição iniludível, aquele modo de fazer e sobretudo de falar, livre demais, do seu sobrinho. Ele o tinha recomendado muito a Alexandre, quando partiram para a Ásia, e tendo em vista que o jovem falava ao soberano com demasiada liberdade, Aristóteles advertiu-o afetuosamente, como se já previsse o pior, com um verso da *Ilíada*: "Tu atrairás rápido o destino, filho, pelas coisas que dizes" (XVIII, 95)[28]. O mestre observava, alarmado, o quanto o jovem era refratário às regras escritas e não escritas da vida na corte. Donde sua previsão pessimista e, infelizmente, verídica.

A crise estourou quando Alexandre evoluiu rumo a modelos impensáveis para a tradição grega e suscitou a reação do seu próprio *entourage*. Pode-se dizer que, nesse acontecimento, estava contido todo o drama do poder. Em Alexandre, vencedor irresistível e conquistador do imenso reino persa, o delírio da onipotência e as dilacerantes escolhas político-culturais se entretecem. Ele tinha capitaneado vitoriosamente aquele empreendimento que a retórica pan-helênica havia pregado esterilmente por decênios e que seu pai, Filipe, tinha conduzido muito próximo à realização. Portanto, era ele o vencedor dos persas, o vingador dos tombados nas Termópilas, além de subverter a humilhante paz de Antálcidas. E exatamente ele se abria à compreensão daquele mundo que, afinal, tinha vencido, tendo vislumbrado desde logo o sonho de uma síntese greco-persa: cultural, real e até mesmo biológica através dos casamentos mistos. Sonhava muito intensamente em ser ele próprio o sucessor do Grande Rei ou intuiria que a história humana procede por sínteses e mesclas cada vez mais entrelaçadas? Jamais será possível, não obstante os bons sentimentos por demais fáceis da tradição "democrática", desem-

---

28. D. L. V, 5.

baraçar a grandeza do poder do ofuscamento do poder". Emblematicamente, Alexandre reúne em si as duas faces do poder. Os gregos e os macedônios do seu séquito esforçaram-se por entendê-lo. Alguns reagiram. Nasceu uma conspiração quando Alexandre quis impor ao seu séquito alguns rituais da corte persa ofensivos aos gregos: por exemplo, a *proskynesis* diante do soberano[29]. Foi a chamada conspiração dos "pajens", a fina flor juvenil da aristocracia macedônia. A repressão de Alexandre foi feroz. Os juveníssimos foram torturados e lapidados. Quando veio à tona o nome de Calístenes, Alexandre imediatamente deu crédito à denúncia, inclusive porque o irritava o convite freqüente que Calístenes lhe fazia, abertamente, solicitado ou não, para "ater-se aos costumes tradicionais dos macedônios"[30]. O "historiador do séquito", que já tinha feito a narração da *Gesta de Alexandre* (obra que não foi conservada), foi preso, horrivelmente mutilado, exibido ao povo numa gaiola e despedaçado por um leão[31].

Na tradição grega e depois romana, o assassinato de Calístenes permaneceu como emblema indelével dos crimes do poder contra a filosofia. Teofrasto, aluno predileto de Aristóteles, escreveu um tratado intitulado *Calístenes ou Sobre as dores*, do qual se encontram fragmentos em várias obras de Cícero, Sêneca, Plutarco. Escreveu Temístio, grande estudioso de Aristóteles e mestre de Juliano, o Apóstata:

> Por causa de Calístenes, nós estamos ainda hoje irados contra Alexandre"[32]. A invectiva mais virulenta, talvez não por acaso, escreveu-a Sêneca, que viveu na própria pele o conflito da filosofia com o poder. Ele toma como pretexto, nas *Questões Naturais*, um pensamento de Calístenes sobre terremotos e segue observando: "Calístenes, inteligência destacada, foi impaciente nos confrontos com um soberano que era incapaz de dominar-se[33]. Pela sua própria pessoa Calístenes constitui-se num ato de eterna acusação nos confrontos com Alexandre. Um ato de acusação que nenhuma vitória bélica jamais poderá compensar.

---

29. Taciano, *Contra os Gregos*, 2, p. 2, 23 Schurtz (*Patrologia Graeca*, VI, 808).
30. Temístio, *Orações* 10, 130 A (p. 155, 6 Dindorf).
31. D. L. V, 5. Mas há relatos menos truculentos.
32. *Orações* 7, 94 A (p. 112, 13 Dindorf).
33. *QN* VI, 23, 6.

Cada vez que alguém disser de Alexandre: "exterminou os persas aos milhares", ouvir-se-á: *mas também matou Calístenes*. Cada vez que alguém disser: "Conquistou o mundo todo até o oceano e estendeu o reino da Macedônia desde uma minúscula ponta da Trácia até os limites extremos do Oriente", dever-se-á dizer: *mas matou Calístenes*. Não importa que tenha superado as façanhas de todos os comandantes precedentes: nada daquilo que fez poderá ser tão grande quanto aquele crime.

O assassinato de Calístenes (327 a.C.) assinalava também, para Alexandre, um caminho sem volta, a ruptura irreparável com Aristóteles. Havia uma carta de Alexandre para Antípatro, escrita logo depois do massacre dos conspiradores, na qual o soberano ameaçava querer chegar até o verdadeiro mandante (ou por ele considerado como tal): "Os rapazes foram liquidados, mas quanto ao Sofista [Calístenes], sou eu quem o punirá, bem como também *aqueles que o mandaram a mim*"[34]. Comenta Plutarco, a quem devemos o conhecimento desse documento: "É evidente que com estas palavras aludia diretamente a Aristóteles". Mas à mente do filósofo não deveria escapar uma terrível comparação: Calístenes morreu nas mãos de Alexandre do mesmo modo que Hérmias morrera nas mãos do Grande Rei da Pérsia. Era o aflorameno trágico de um acerto de contas interior e, talvez, fosse também a sua maior desilusão: ver deturpada aquela causa à qual, por tantos anos, em Atenas, na Tróade, depois na Macedônia, ele se dedicara. Ele não tinha dado a sua contribuição à grande campanha que culminou com a queda da monarquia persa para depois ver os mesmos métodos praticados pelo soberano ao lado de quem havia ativamente militado. Talvez algum, dentre os "cinco de Cambridge", tenha passado depois por análoga experiência.

Enquanto, pouco a pouco se desenvolve o drama dessas duas vidas entrelaçadas, o soberano e o filósofo, destinadas a despedaçar-se juntas, os mistérios se adensam. Uma tradição constantemente vinda à baila, durante os séculos, atribuía a Aristóteles a iniciativa, bem-sucedida, de envenenar Alexandre. Plínio, o Velho, afirma que assim aconteceu[35]. Plutarco dá

---

34. Plutarco, *Alexandre* 55, 7.
35. *História Natural* XXX, 53.

muita atenção a essa versão dos fatos. A operação seria realizada através de Antípatro, homem que gozava da total confiança de Aristóteles[36]. O fato indubitável foi a imprevisível morte do juveníssimo soberano: uma morte na qual o envenenamento pareceu subitamente, a todos, a causa mais plausível. A terrível Olímpia, que já havia contribuído para a morte de Filipe a fim de colocar Alexandre no seu lugar, fez um massacre dos dignatários suspeitos de haverem conspirado para envenenar o rei. O círculo mais próximo, os "companheiros" da primeira hora, não suportavam mais a política do seu chefe e haviam tramado para liquidá-lo, organizando para ele, por outro lado, exéquias espetaculares e estabelecendo, ao mesmo tempo, uma feroz guerra de sucessão sem a exclusão de golpes. Dessa luta fez parte não somente a tentativa de apoderar-se do corpo embalsamado do soberano (venceu Ptolomeu de Lagos, que o transportou para Alexandria), como também o fato de haver conseguido o comprometimento de Aristóteles, de Antípatro e de Cassandro, seu filho, que teria sido quem administrou o veneno preparado pelo filósofo. Um anônimo que se escondia por trás do pseudônimo de Agnotêmis levou algumas provas para sustentar a acusação[37]. O imperador Caracala, cinco séculos mais tarde, mandou queimar os livros de Aristóteles e de seus discípulos para vingar Alexandre, envenenado por seu preceptor[38].

6

Mas como os livros de Aristóteles foram parar nas mãos de Apelicão? Aquele homem era um bibliomaníaco. O bibliomaníaco, sabe-se, é um delinqüente em potencial, e, ao mesmo tempo, um sacerdote dos livros. Na Prússia, no início do Oitocentos, o pastor Tinius assassinava, à traição, os livreiros para roubar suas livrarias. Foi cognominado o "bebedor de livros" (Büchertrinker)[39]. *Se é verdade que os livros*

---

36. Plutarco, *Alexandre* 77.
37. *Idem, ibidem.*
38. Díon Cássio LXXVII, 7.
39. K. Huizing, *O Papa-Livros*, Vicenza, Neri Pozza Editore, 1996.

não são mais que a "decocção" (chá medicinal), como dizia Aristófanes[40], *de outros livros, é provável que o "bebedor de livros" seja também um escritor prolífico. Apelicão também escreveu: conhecemos dele alguns títulos de argumento aristotélico. Nem mesmo Apelicão retrocedia diante do crime por amor ao livro. Estudava em Atenas. Seu objetivo existencial era comprar, ou por qualquer modo procurar, bibliotecas inteiras, e Atenas, desse ponto de vista, era o lugar ideal. Mas agradavam-lhe também coleções de documentos antigos: e em Atenas havia vários arquivos, o mais célebre deles sendo o Metrôon, em que estavam conservados os originais dos documentos que permitiram contar a gloriosa história da cidade. Um aluno de Aristóteles ou de Teofrasto, Crátero, o Macedônio, tinha reunido sua coleção comentada de decretos áticos trabalhando exatamente ali: e o repertório havia tido um bom sucesso. Mas ali não havia apenas aqueles originais (e quem sabe também algum documento falso habilmente intercalado): havia igualmente textos de outro gênero, se pensarmos que as obras que Epicuro vinha compondo durante o tempo que passou em Atenas estavam guardadas ali*[41]. *Em suma, aquele glorioso arquivo era também um arquivo literário. Mas como seria possível comprar os documentos do arquivo? Mesmo uma sociedade não muito escrupulosa nesse campo, como devia ser Atenas, excluía* a priori *tal eventualidade. Apelicão não desanimou e pensou em roubá-los como havia feito tantas outras vezes noutros lugares, com sucesso. E assim o fez: mas deu-se mal porque foi surpreendido no ato*[42]. *O crime era muito grave e Apelicão haveria arriscado muitíssimo se não tivesse fugido para salvar-se. Podia consolar-se ao pensar que, em Atenas, já outros filósofos tinham salvado a vida fugindo (talvez por razões um pouco mais nobres). Porém, ele voltou a Atenas quando Atenião, seu companheiro de estudos aristotélicos,*

---

40. *Pássaros* 1024 e 1046.
41. D. Clay, *Epicurus in the Archives of Athens*, "Hespéria", Supl. XIX, 1982, pp. 17-26.
42. Possidônio fr. 36, 53 Jacoby (Ateneu V, 214 D).

assumiu o poder e chamou-o para confiar-lhe alguns encargos dioplomáticos[43].

De todo modo, naquele tempo ele já tinha comprado, entre outras bibliotecas, aquela de Teofrasto que continha a de Aristóteles. Para os dois peripatéticos que alcançaram o poder, na cidade filosófica por excelência, aqueles livros eram bem mais do que raridade bibliográfica, eram um troféu. Na verdade, a caça aos livros de Aristóteles estava encetada há muito tempo. Quem mais se dedicava ao assunto eram os soberanos de Pérgamo, os Atálidas. Seu objetivo era fazer de sua biblioteca em Pérgamo uma digna rival daquela alexandrina. Não poderiam competir em quantidade de títulos, mas esperavam colocar as mãos em peças muito raras. Sabia-se que textos importantíssimos e desconhecidos de Aristóteles ainda estavam em circulação e que nenhuma biblioteca havia conseguido apoderar-se deles. Além do mais, vozes insistentes falavam de herdeiros de discípulos diletos do mestre que estariam de posse de tais tesouros: não em Atenas, ou quem sabe onde, mas precisamente no território do reino, portanto ao alcance das mãos. Mas estes, identificados e abordados por todos os lados, há pouco tempo haviam vendido outros livros, não aqueles. E também aos Ptolomeus, que os contactaram, tinham vendido outra coisa: quando muito, os livros que Aristóteles havia possuído na sua coleção particular, não os seus compêndios. Depois, em 133 a.C., a monarquia dos Atálidas acabou sem glória: por iniciativa do último rei, Átalo III, o reino se transformou em província romana, a província romana da Ásia, uma decisão traumática, à qual sucedeu-se uma guerra civil duríssima e uma comoção social. Ninguém, nem por um momento, lembrou-se mais de perseguir os livros a qualquer custo. Os próprios herdeiros dos herdeiros dos proprietários, talvez por cansaço, talvez por necessidade, por fim pensaram que seria melhor desfrutar daquele tesouro antes que se perdesse completamente (os parasitas já haviam feito o seu trabalho). Apelicão era o comprador ideal: de um lado, não olhava

---

43. Idem, ibidem.

despesas (de fato, desembolsou uma cifra enorme), do outro, era sempre alguém da escola. Assim, venderam-lhe tudo.

Porém, os livros estavam realmente maltratados. Traças, cupins, umidade haviam devorado aqueles volumes guardados por tanto tempo numa cantina subterrânea pelos proprietários ciumentos, porém incautos[44]*. Assim, Apelicão decidiu assumir um empreendimento superior às suas forças: mandar copiar por conta própria aqueles volumes, complementando, onde necessário, as partes danificadas. Conseguiu, dessa forma, um texto íntegro, sim, mas não propriamente são, pelo contrário estava cheio de erros devidos à sua imperícia. Foram esses livros "refeitos" de Apelicão, infelizmente!, não os originais danificados, os exemplares que Silas confiscou e levou para Roma.*

Surgiu então uma situação paradoxal que Estrabão, aluno de Tiranião, descreveu muito bem: antes da redescoberta, os herdeiros da escola haviam trabalhado mal porque não tinham os textos mais importantes do mestre (dos quais, no entanto, conheciam e que difundiam os diálogos publicados em vida pelo próprio Aristóteles); depois, trabalharam igualmente muito mal porque se baseavam no texto que Apelicão, bibliófilo mas filósofo medíocre, havia literalmente devastado. É para nos perguntarmos até que ponto Tiranião e Andrônico, no seu trabalho editorial, conseguiram anular os efeitos negativos do mau trabalho editorial do bibliomaníaco de Teos.

VI

A morte de Alexandre (em junho de 323) recolocou tudo em discussão. Iludiram-se seus sucessores quando pensaram em manter sob controle o império, mesmo na ausência do homem carismático que, de vitória em vitória, o havia criado. Enquanto eles repartiam o gigantesco espólio da guerra, a Grécia mobilizava-se outra vez. Não Tebas, como na morte de Filipe, mas Atenas. Porém o chefe dessa vez não era mais

---

44. Estrabão XIII, 1, 54, p. 608.

Demóstenes, envolvido no escândalo provocado pelo desaparecimento fraudulento de uma bela fatia do tesouro de Alexandre, que Arpalo, tesoureiro de Alexandre, tinha trazido para Atenas. Condenado e tendo se auto-exilado em Egina, Demóstenes procura dirigir a distância a política da cidade, difundindo panfletos em forma epistolar, porém agora é Hipérides, o grande amigo de Frinéia, o homem forte.

Não foi fogo de palha: foi uma campanha da qual os macedônios, dirigidos por Antípatro, poderiam escapar aos poucos, tal era a extensão da trama. O fulcro eram os mercenários contratados por Hárpalo (a quem o dinheiro, certamente, não faltava), guiados por um militar de profissão como Leostenes. O exército federal reunido na cidade que Demóstenes, novamente em ação, mobilizou viajando por toda a Grécia, bloqueou Antípatro na Tessália, restringindo-lhe o assédio na cidade de Lâmia. Se Leostenes não tivesse morrido durante uma escaramuça provocada pelos assediados, Antípatro teria acabado por render-se, mas nem mesmo a morte de Leostenes desarmou os confederados. Nesse grave momento, Epicuro chegou a Atenas para estudar no Liceu.

Enquanto a campanha continuava na Tessália, e antes da decisiva batalha campal de Crânon, Aristóteles fugiu de Atenas, no início da primavera de 322. Como poderia ter permanecido em Atenas, enquanto Atenas, de novo sob a liderança de Demóstenes e do ainda mais radical Hipérides, estava em guerra com Antípatro? Sua situação era insustentável. Com 62 anos deixou uma escola prestigiosa, uma legião de amigos e alunos e retirou-se para a Cálcida, na Eubéia, exatamente em frente à Ática, mas sob controle macedônio. Uma tradição sobretudo sólida sustenta que o Estado processara-o por impiedade[45]. Conhecia-se inclusive o nome do sacerdote de Demétrio, Eurimedonte, que sustentava a acusação. Aristóteles teria, portanto, escapado do processo fugindo e declarando que preferia fazer com que os atenienses não "pecassem uma segunda vez contra a filosofia", numa óbvia alusão ao processo contra Sócrates[46]. Não era difí-

---

45. D. L. V, 9 (sobre a base de Favorino); *Contra Celso*, I, 380; *Vida de Tolomeu*, 10 (During p. 345, 45d).
46. Heliano, *VH* III, 36.

cil, em Atenas, montar um processo por impiedade. Era o caminho mais usado para acusar e liquidar intelectuais, incômodos, difíceis de serem perseguidos devido à sua visível atividade diretamente política. Assim o foi com Sócrates e possivelmente também com Anaxágoras. Parece claro que, no clima da guerra contra Antípatro, tornou-se necessário atingir aquele meteco que era íntimo de Antípatro, com um longo passado de amizade com os macedônios e que continuava a agir na cidade sem ser perturbado, protegido pela discreta, afastada e pouco permeável estrutura da escola. Ao escolher acertadamente a Cálcida, Aristóteles deve ter conjeturado que a guerra "patriótica" contra os macedônios haveria de ter vida curta. É claro que ele pretendia retornar assim que Antípatro tivesse vencido aqueles fanáticos politiqueiros que continuavam a brincar de guerra. Ele estava lá há algumas semanas quando recebeu a notícia da vitória de Antípatro em Crânon sobre os confederados (primavera de 322), o que confirmava suas previsões. Bem ao contrário de suas mais otimistas expectativas, o efeito de Crânon sobre a política ateniense foi quase que imediato: Dêmades, que sabia "farejar o vento", fez com que fosse votada na assembléia a condenação à morte de Demóstenes e dos outros chefes, seguro de cair firmemente nas graças de Antípatro vencedor. Hipérides fugiu para Egina, Demóstenes para a Caláuria, perto de Trezena. Aristóteles, porém, não se moveu, ficou na Cálcida. Por quê? Provavelmente porque a caótica situação criada pelo conflito custava a reacomodar-se. Se calcularmos que somente em setembro uma guarnição macedônia entrou no porto de Muníquia, e que apenas em outubro os homens de Antípatro alcançaram Demóstenes na Caláuria, pode-se facilmente deduzir que, mesmo com a inesperada "boa vontade" de Dêmades, os macedônios não recuperaram imediatamente o controle da cidade.

Mas quando as tropas de Antípatro desembarcaram em Muníquia, Aristóteles já estava morto. As circunstâncias de sua morte são um tanto obscuras: as fontes que se referem a ela, não raro fantasiosas e confusas, contribuíram para levantar as mais variadas hipóteses. Segundo Dionísio de Halicarnasso, ele morreu "de doença" tão logo completou 63 anos[47].

47. *Epístola de Ameu* 5.

Eumelo, cuja autoridade vem atestada por Diógenes Laércio, fala de veneno como causa de sua morte. O fato de Eumelo atribuir a Aristóteles setenta anos no momento de seu passamento, faz pensar que quisesse construir uma situação idêntica àquela da morte de Sócrates. Mas não está claro por que haveria de ter inventado ambos elementos para uma reconstrução: não só a idade, mas também o veneno. Talvez a informação sobre o veneno ele a tivesse encontrado em alguma parte, tendo sobre ela construído um paralelo. Nesse caso, deveríamos nos perguntar quem teria tomado as providências para ver-se livre do filósofo daquele modo: os atenienses exasperados pela derrota, que mal suportavam não terem podido processá-lo, ou os "vingadores" macedônios da morte de Alexandre?

VII

Teofrasto sucedeu-o. A sua direção da escola foi longuíssima (Teofrasto morreu em 286 a.C.), não isenta de eventos positivos, mas perturbada por graves incidentes. O fato positivo foi o acordo de proteção dado à escola por Demétrio Falero, senhor de Atenas, com o apoio macedônio, para o decênio 317-307 a.C. Quando Aristóteles ainda estava vivo, Demétrio – cujos exórdios políticos remontavam a 324 – tinha representado uma garantia política. Em 318 havia se arriscado a cair vítima das reações antimacedônias; em 317 ele foi imposto aos atenienses diretamente por Cassandro, filho de Antípatro, com poderes extraordinários e com a tarefa de reorganizar a constituição. E como "legislador" (*nomothétes*) pensou poder colocar em prática o modelo "ideal" aristotélico que interpretou, justamente, como uma constituição mista de tipo censitário. E, em homenagem ao critério aristotélico, segundo o qual o primeiro dever do político é o de estabelecer a quantidade e a qualidade da população, promoveu um censo da população da Ática. Em suma, por certo tempo pareceu que, exatamente em Atenas, haveria de tornar-se realidade aquilo que Aristóteles havia estabelecido na sua reflexão política. E através do governo de Demétrio, aluno e confidente de Teofrasto, podia-se mesmo ter a ilusão de que se realizara o sonho platônico dos filósofos-governantes (ou governantes-filósofos). Mas, com a queda de Demétrio, a cena mudou bruscamente. Teofrasto deixa imediatamente Atenas, enquanto o partido de Demóstenes lança sua enésima ofensiva, dessa vez com o objetivo de extirpar o corpo estranho representado pelas escolas de filosofia, a primeira dentre todas sendo o Liceu. O projeto de lei foi apresentado imediatamente após a queda de Demétrio (306 a.C.) por um certo Sófocles, político da facção democrática e amigo de Demócares. Esse projeto era muito simples. Proibia o ensino filosófico em Atenas, salvo explícita autorização da assembléia popular: no caso de contravenção a essas normas, era prevista a pena de morte[48]. Um adepto do Liceu, Fílon, impugnou a lei de Sófocles por ilegalidade. E combateu-a, não obstante a intervenção de Demócares, o qual, para fortalecer Sófocles, em seu duríssimo discurso (do qual restou o mote memorável: "de um Sócrates não se poderá jamais extrair um homem honesto"!), repescou uma vez mais as "culpas" de Aristóteles. Isto é, em essência a sua atividade como "agente" macedônio no tempo de Filipe. Sinal de que o alvo eram, desde logo, as escolas filosóficas em geral, mas de modo preponderante a escola de Aristóteles, considerada um "covil" filomacedônio. Outro sinal inequívoco: na queda de Demétrio, o cômico Alexis, prolífico poeta, encenou *O Cavalo* (que era também o sobrenome dado por brincadeira a Aristóteles), peça em que exultava com a caçada aos peripatéticos, arrastados pela ruína política de Demétrio. No entanto, a época em que os "demostenianos" berravam e a cidade se-lhes subjugava estava acabada. Fílon venceu a causa "por ilegalidade". Sófocles foi condenado a pagar cinco talentos e Teofrasto pôde voltar a Atenas, restituído de todos os seus bens e seus direitos[49]. Demétrio, por sua vez, nunca mais voltou. Foi exilado para o Egito e levou consigo o germe aristotélico, do qual nasceu o Museu de Alexandria.

---

48. Pólux IX, 42; D. L. V, 38.
49. D. L. V, 38.

7

Em 286 Teofrasto morreu. O seu testamento, muito circunstanciado, permite-nos fazer uma idéia concreta da estrutura material do Liceu. "Os trabalhos para a reconstrução do Museu deverão ser completados com as estátuas das deusas [isto é, das Musas]"; "em segundo lugar, a imagem de Aristóteles deverá ser colocada no Templo com todas as outras ofertas votivas, que estavam antes no Templo"; "o pórtico que conduz ao museu deverá ser reconstruído não menos belo do que o anterior"; "as mesas nas quais estão representados os movimentos cíclicos da terra deverão ser recolocadas no pórtico inferior"; "o altar deverá ser reconstruído de forma a resultar perfeito e decoroso"; "o dinheiro para a execução da estátua de Nicômano já está nas mãos de Praxíteles"[50]. *Compreendemos por essas primeiras cláusulas que Teofrasto não apenas dispunha de condições para fazer as obras que visavam à consolidação e ao melhoramento da estrutura, mas somos levados a imaginar um lugar que prefigura, mesmo em grau menor, o museu alexandrino. As mesas com os movimentos da Terra deviam ser um instrumento de estudo do qual a escola tinha orgulho: confirma-o sua menção no testamento.*

Terminadas as disposições relativas ao edifício, o testamento dispõe de dois legados ad personam: "*Para Calino a propriedade que possuo em Estagira e para Neleu todos os meus livros*". *Fica claro que o sentido daquelas palavras era: "todos os meus livros", pois Teofrasto, ali, está falando do destino de bens próprios. Ao contrário, o restante das disposições diz respeito às estruturas da escola, e seu legado é, por isso, coletivo: "Eu lego o jardim e o* perípatos, *bem como todas as casas vizinhas ao jardim, àqueles amigos (abaixo lembrados) que queiram, ali permanecendo, estudar juntos a filosofia", e acrescenta: "Com a condição de que ninguém aliene tais bens e nem deles se sirva como coisa privada, mas antes de tudo que todos o possuam em comum [...] como*

---

50. *Idem*, V, 51-52.

é conveniente e justo". Dessa forma, ele elenca os nomes daqueles que comporão a comunidade: Hiparco, Neleu, Estráton, Calino, Demotimos, Demarato e pouquíssimos outros. Tem-se a nítida sensação, ao se confrontar este testamento com aquele, muito sumário, de Aristóteles, de que somente com Teofrasto a escola assumiu uma estrutura verdadeira e própria, seja material ou organizativa. A pequena comunidade que é convidada a fruir coletivamente daqueles bens é aquela que se poderia definir como o pessoal estável, efetivo da escola: outra coisa seriam, obviamente, os freqüentadores externos.

Os únicos que recebem um tratamento particular são Calino, a quem foi legado um domínio que Teofrasto possuía na Macedônia, exatamente na cidade natal de Aristóteles, e sobretudo Neleu, para quem Teofrasto deixa *"os seus livros".* Por que razão estes últimos não faziam parte da estrutura da escola no mesmo plano, por exemplo, das mesas astronômicas? A explicação pode ser encontrada em Estrabão, naquela página que lembramos anteriormente, dedicada ao destino dos livros de Aristóteles, em especial na frase com a qual a narrativa começa e com que Estrabão, coloca as peças no tabuleiro de xadrez[51]: *"Os socráticos Erasto e Corisco, bem como Neleu, filho de Corisco, que pode ter sido aluno de Aristóteles e de Teofrasto, provinham da cidade de Esquépsis [na Tróade]. Neleu tinha herdado a biblioteca de Teofrasto, na qual estavam incluídos os livros de Aristóteles"* E acrescenta: *"Aristóteles, de fato, havia-os deixado para Teofrasto, a quem havia deixado também a direção da escola".* Neste trecho cada palavra tem seu peso, mas partamos do fim: como uma boneca russa, a biblioteca (pessoal) de Teofrasto continha dentro de si aquela de Aristóteles. Como se explica isso? Aristóteles tinha seu herdeiro "carnal" na pessoa de Nicômano e tinha, obviamente, o herdeiro coletivo representado pela escola: e no entanto, seus livros foram passados para Teofrasto e, a partir do momento em que o testamento tornou-se operativo (isto é, com a morte de Aristóteles), eles foram incorporados à biblioteca de Teofrasto. Teofrasto é o

---

51. *Idem*, XIII, 1, 54, p. 608.

herdeiro designado e os livros são, evidentemente, o texto pessoal dos escolarcas que o transmitem de um para outro. Por isso, Estrabão especifica que, no caso de Aristóteles, o legado dos livros a Teofrasto e a designação de Teofrasto foram dois atos simultâneos e complementares entre si. Bem entendido: os escolarcas eram eleitos, mas a designação do predecessor tinha certamente o seu peso – foi o que aconteceu, de fato, no caso de Teofrasto quando da morte de Aristóteles (e no caso de Espeusipo, quando da morte de Platão). A atribuição ad personam *dos livros era um indício muito forte, ou melhor, numa escola atentíssima "aos livros" enquanto verbo do mestre, era um sinal. Portanto, Neleu era o homem para o qual Teofrasto apontava. É também isso o que se entende se observarmos as outras "peças" do tabuleiro de xadrez de Estrabão. Neleu era filho de Corisco, isto é, do homem que juntamente com Erasto e Aristóteles havia se transferido de Atenas para a Atarnéia no longínquo 347, quando Aristóteles, com seus amigos fidelíssimos, e fidelíssimos de Hérmias, havia tempestivamente (e, apenas à primeira vista, inopinadamente) deixado a Academia. Para completar, Neleu tinha outro "mérito": ele havia tido tempo de ser também discípulo direto de Aristóteles antes ainda de ser ouvinte de Teofrasto. E está claro que Estrabão esclarece e pontua tudo isso antes de falar do destino daqueles livros, visto que ele sabia (através de sua fonte) que esses elementos por certo guardavam estreita relação com o fato de que os livros de Teofrasto (e portanto, de Aristóteles) foram passados para Neleu e, por conseqüência, com a movimentada história desses livros, que logo a seguir ele narra.*

Porém deu-se o imprevisto de Neleu não ter sido eleito para suceder a Teofrasto, mas, sim, Stráton de Lâmpsaco. A regra de designação eletiva do chefe era "sagrada"; Aristóteles, inclusive, tinha-a acentuado quase à exasperação, prevendo freqüentes verificações e reconfirmações[52]*. Mas dessa vez o resultado foi uma surpresa. A implícita designação de Teofrasto caiu no vazio. Ao mesmo tempo, faliu tam-*

---

52. *Idem*, V, 4.

bém o espírito de concórdia que o velho havia calorosamente recomendado no seu testamento. Neleu foi para Esquépsis, de certo modo repetindo o gesto e o percurso feito por Aristóteles, por seu pai Corisco e pelo concidadão Erasto, quando tinham feito a sua "secessão" da Academia. Dessa forma, ele levou consigo sua preciosa carga de livros. Os seus descendentes não foram menos ciumentos que ele. Estes, porém, nada mais eram do que "particulares", comenta Estrabão: gente que nada tinha a ver com filosofia ou com os ensinamentos de Aristóteles. Por isso, conservaram aquele tesouro como um baú de jóias ou um pequeno tesouro de moedas: esconderam-no na cantina sem se preocuparem com técnicas mais adequadas à conservação dos livros. Fiéis à herança paterna, aplicada de forma obtusa, eles se limitaram a proibir o acesso a quem quer fosse. Igualmente, alguns soberanos influentes daquele tempo procuraram fazê-los cederem os livros com ofertas de vários gêneros: não só os Atálidas, sob cuja jurisdição encontrava-se a sua pequena cidade, mas também os Ptolomeus, os soberanos que, no Egito, em Alexandria, haviam criado a mítica biblioteca, que se dizia conter todos os livros do mundo. Disseram não também a eles. Ou melhor, tapearam-nos ao lhes ceder a parte menos prestigiada – assim pensavam eles – do seu tesouro: os livros de outros autores gregos que Aristóteles possuía. E assim, de geração em geração, mantiveram na sua cantina úmida, a apodrecer lentamente, os "originais" do Mestre, até que um seu descendente, "aborrecido" por prosseguir aquela comédia fetichista, vendeu-os a Apelicão de Téos.

Naturalmente, isso não significa que em Atenas a escola ignorou, depois da secessão de Neleu, o pensamento de Aristóteles. Eles tinham o hábito de repetir, um tanto dogmaticamente, o ensinamento do fundador, referenciando-o numa profusão de tratados. Assim já o havia feito Teofrasto. E Estráton, que por tantos anos tinha sido ouvinte de Teofrasto, estava em condições de fazê-lo, também ele, ainda que seu "fraco" fosse sobretudo a física. Resumindo, de qualquer modo eles procuraram substituir a perda, mas quanto aos autênticos tratados do Mestre, eles foram negligenciados.

Evidentemente, também Estráton, em determinado momento, fez o seu testamento e igualmente deixou ad personam, *para alguém, os livros. Deixou-os para Lícon, por ele explicitamente previsto como seu sucessor*[53]. *O costume já estava difundido também fora: Epicuro, que morreu no mesmo ano que Estráton, no seu testamento deixou os livros para Hermarco, sucessor designado*[54].

8-VIII

Porém, aqueles livros de Aristóteles tão afortunadamente recuperados não eram, obviamente, os "autógrafos". Autógrafas eram, quando muito, as escrituras privadas, não os livros: como fica claro, por exemplo, no testamento de Estráton, que deixa para o herdeiro designado, Lícon, "todos os livros, exceto aqueles escritos por mim, de próprio punho"[55]. E não eram nem ao menos, em senso estrito, os "originais". Eram, como os denomina Gélio com um apropriado termo romano, mas cujo conceito era extraído de Andrônico, os "comentários" das lições do Mestre. Aristóteles dava aulas e o círculo mais restrito de alunos anotava: provavelmente havia interlocuções e Aristóteles dava-se conta ou não de tais intervenções; aprofundava, experimentava reelaborava, provava novas teses. Ele repropunha, de tempos em tempos, os mesmos "cursos" com novas formulações ou integrações. E assim procedeu por pelo menos treze anos (335-323 a.C.). Não raro retomava o tema desde o princípio. Por exemplo, o chamado tratado sobre a *Política*, em oito livros, organizado por Andrônico na forma pela qual nós a lemos, numa sucessão de livros totalmente arbitrária (em que o último livro corresponderia, com toda probabilidade, às primeiras explanações), na realidade não é um tratado. É o conjunto de uma série de "cursos", repetidos no tempo, nos quais Aristóteles aborda e torna a abordar, bem como retoma do princípio e o resume para avan-

---

53. *Idem*, V, 62.
54. *Idem*, X, 21.
55. *Idem*, V, 62.

çar, *ab imis*, o mesmo argumento, avançando ou repropondo tudo à discussão. Para compreender isso basta considerar as definições, que mudam de livro para livro, da noção de "democracia". Apenas inicialmente ela é, para ele, o "governo da maioria numérica"; no fim, ele abandona essa noção banalizante e muito abstrata para chegar à conclusão de que "democracia" é o governo dos despossuídos, *qualquer que seja o seu número* (que é a razão pela qual aquele tipo de regime não lhe agrada de fato). Nos livros sobre *Física*, é possível até mesmo destacar frases que provavelmente são notas, ou melhor, observações de ouvintes. A sucessão lógica do todo resulta, nesses casos, um tanto precária. Também nesses casos, Andrônico (e antes dele Tiranião) terá procurado dar àqueles livros, trazidos à luz, uma forma completa, o mais possível coerente e fluida. Mas a natureza original daqueles escritos não pôde ser anulada. E a sua natureza real era: *eles não deveriam ser entendidos por qualquer um*. Numa carta de Aristóteles para Alexandre, incluída, por Andrônico em seu texto, ele diz claramente: "Saiba que eles têm circulado, mas é como se isso não tivesse acontecido: pelo fato de que *podem ser entendidos somente por aqueles que ouviram as nossas aulas*"[56]. Segundo Plutarco, um exemplo evidente do caráter secreto, quase iniciático, desses escritos eram os livros sobre a *Metafísica*[57]. Nessas condições, o trabalho dos editores, visando tornar legíveis tais livros, tangenciava por si mesma a manipulação.

Além disso tudo, ocorria a dificuldade adicional de se trabalhar não já sobre os preciosos rolos adquiridos por Apelicão, ainda que malconservados, mas sobre as cópias que ele havia composto visando uma integralidade, à sua maneira, nos lugares carcomidos (no sentido literal!) pelo tempo.

Isso quer dizer que a edição de Andrônico, matriz de tudo quanto, nos milênios sucessivos, foi lido e apreciado como sendo obra de Aristóteles, foi minada, desde suas raízes, por dois inconvenientes: um factual, isto é, a péssima qualidade do texto,

---

56. Aristóteles fr. 662 Rose (T 23, 4 Gigon).
57. Plutarco, *Alexandre* 7 (During, p. 429).

"deturpado" por Apelicão, e outro subjetivo, isto é, o propósito de dar forma orgânica e completa a alguma coisa que nunca o foi, nem ao menos na sua origem. O Aristóteles que lemos descende daquele construído (e mais que reconstruído) na época de Augusto. É o Aristóteles do qual nutriu-se o pensamento medieval, seja islâmico ou cristão, e do qual frei Tomás de Aquino, com sua santa impaciência, desfrutava pouco a pouco ao mesmo tempo em que incitava Guilherme de Moerbeke a vertê-lo para o latim.

5. EPICURO E LUCRÉCIO: O SENTIDO DOS ÁTOMOS

1

Andrônico de Rodes sabia muito bem como tinham nascido os escritos de Aristóteles (e o quanto estavam eles distantes do texto por ele composto). Conhecia a regra dos "cursos" repropostos por Aristóteles sistematicamente aos alunos, nos treze anos do ensino ateniense. Falava disso no *Prólogo* de sua edição, como se constata por meio de uma informação detalhada a respeito de Aulo Gélio, o qual um século e meio mais tarde o parafraseia[1]. E o que Gélio narra concorda plenamente com aquilo que outros escreveram e que tiveram a sorte de ler Andrônico: de Plutarco a Temístio, de Al-Mubashir à tradução de Ptolomeu (biógrafo) organizada por Hunain.

Vigorava, portanto, uma distinção entre um ensinamento menos exigente (destinado ao exterior, e por isso chamado

---

1. *Noites Áticas*, XX, 5.

"exotérico") e outro muito mais exigente ("acroamático", isto é, apenas para ouvintes eleitos, admitidos a esse gênero de lição). Preliminarmente, havia uma seleção dos ouvintes e, depois, como conseqüência, eram organizados os argumentos a serem estudados. E também os livros, que ficavam de fora desses cursos como "Comentários", eram diferenciados por Aristóteles com o mesmo critério.

Gélio não faz a menor menção aos diálogos, isto é, àquela produção literariamente acabada, embora conceitualmente menos exigente, que Aristóteles havia publicado no correr dos anos, desde a época de sua adesão ao platonismo. Supõe-se, geralmente, que eles estão, na verdade, aproximativamente incluídos entre os escritos que ele define como "exotéricos". Tal gênero de obras, ancorado inclusive no antigo modelo socrático de *diálogo*, e que depois de Platão tornou-se a forma codificada da escritura filosófica, não contribuía para dar uma idéia particularmente significativa, e nem particularmente original, do pensamento do Mestre. Por outro lado, sua circulação e difusão não tiveram interrupção; nem, obviamente, foram atingidas pela secessão de Neleu e pelos livros por ele herdados. Por isso mesmo, é o único Aristóteles que, em *vulgata*, continuou-se a ler, pelo menos até a época de Cícero. Foi a emergência, ou melhor, a reemergência do outro Aristóteles, o dos tratados reorganizados por Andrônico, que veio a condenar ao desaparecimento aquele que, para nós, é de todo modo o "Aristóteles perdido". Este último perdeu sua atração para os leitores especialistas e comentadores.

Quando Epicuro, ateniense da Gargétia, retornou com dezoito anos para a Ática (322 a.C.) de Samos, onde foi educado, as duas escolas filosóficas atenienses não gozavam de ótima saúde. Na Academia ensinava Xenócrates, e quanto ao Liceu o quadro não podia ser mais sinistro, a partir do momento em que Aristóteles fora obrigado a refugiar-se na Cálcida (onde morreu, depois de pouco tempo), com grave prejuízo para a continuidade regular da escola, como é fácil intuir. Os acontecimentos políticos daqueles anos haviam-no levado a Cólofon, onde reuniu ao seu redor alguns alunos, e depois recomeçou em Atenas, a partir de 306. Esse foi outro ano crítico para o Liceu, pois então Teofrasto teve que deixar temporariamente o ensino em seguida à queda de Demétrio. O Aristóteles de quem Epicuro teve noção, e sob o qual se formou, sem no entanto entrar na escola aristotélica, foi precisamente o platonizante, o dos *Diálogos*. Não é à toa, portanto, que para o jovem Epicuro as duas escolas não parecessem diferentes. Sob o enfoque de alguns temas capitais inclusive coincidiam. Eram aqueles temas capitais dogmaticamente afirmados seja pelos platônicos, seja pelos aristotélicos, em relação aos quais o jovem sempre procurava explicações mais convincentes. Desde quando ainda rapazinho, pedira ao seu mestre de escola, para lhe explicar o que significava o Caos de Hesíodo, sem ter obtido resposta satisfatória[2]. Referia-se àquele mundo existente desde sempre e àquela alma individual destinada a viver para sempre, condenada a uma imortalidade difícil de ser conciliada com a evidência imediata da inevitável destruição de todos os corpos dentro dos quais cada alma se abriga. E além disso, aquele mundo único, pequeno e um tanto mesquinho, parecia-lhe um contra-senso diante de um espaço fatalmente infinito: espaço que aqueles mestres do idealismo não sabiam como preencher. E então decidiu-se a recomeçar a partir de um outro mestre, esquecido, que não fizera escola mas cujas obras circulavam em Atenas: Demócrito. Ao qual, deve-se dizer, Aristóteles havia dedicado uma crítica sumária no primeiro livro da *Metafísica*.

I

Epicuro foi um mestre de fascínio irresistível. Foi o primeiro a fazer proselitismo não elitista. Os cristãos haveriam de aprender muito com tal modelo, ainda que não o tenham jamais amado, e muito menos admitido. Também Epicuro prometia felicidade e salvação, e como recompensa suprema a assimilação a Deus. Quais outras coisas prometiam, além disso, os cristãos? Epicuro escancarava a todos as portas da escola: jovens e velhos, homens ou mulheres, cidadãos livres ou es-

2. D. L. X, 2.

cravos. Sua carta mais poética, endereçada ao amigo Meneceu, abre-se com o memorável apelo à prática da filosofia voltada para a humanidade inteira:

> Ninguém porque é jovem adie o filosofar, nem porque é velho se canse de filosofar . Porque a idade jamais é nem imatura nem madura demais para a saúde da alma. E aquele que afirma que a hora de filosofar ainda não chegou ou já passou, é como se dissesse que a hora da felicidade não chegou ou já passou[3].

Colhe-se nessas palavras um eco socrático: "Jamais fui mestre de ninguém, mas se qualquer um, jovem ou velho, desejar escutar-me enquanto falo e enquanto executo minhas tarefas, eu não me recusarei jamais"[4]. Na sua comunidade até os escravos "faziam parte do ensino filosófico"[5]. Entre estes, destacou-se um escravo de nome Mis, que foi libertado por meio de disposição testamentária juntamente com vários outros e uma escrava de nome Fedra[6]. Na sua comunidade havia muitas mulheres ativas, obviamente apontadas pelos adversários como *hetaíras*[7]. Esse termo, em Atenas era bem diferente de *pornè*, "prostituta", e significava na realidade mulheres que não aceitavam submeter-se à humilhante segregação vigente para o sexo feminino no "berço da democracia", nem aceitavam desempenhar o papel sub-humano que era imposto às mulheres "de bem", reclusas submissas e ignorantes.

O entusiasmo dos alunos foi uma constante (que irritava muito os adversários); isso se manteve inalterado durante sucessivas gerações de adeptos até muito tarde, poder-se-ia mesmo dizer que sempre houve alguém que continuou a retomar o pensamento de Epicuro. Tal posicionamento conservou intacta e imóvel, ou quase, a doutrina e foi acompanhado de um culto a Epicuro, não diferente daquele que os cristãos tributaram a Jesus. Basta pensar nos hinos lucrecianos a Epicuro que estão em quase todos os livros de poemas do grande

---

3. *Idem*, X, 122.
4. Platão, *Apologia* 33 a.
5. D. L. X, 10.
6. *Idem*, X, 3; X, 21.
7. *Idem*, X, 7.

poeta romano (I a.C.). O imobilismo doutrinário – que foi característico também da escola de Aristóteles – para nós tem uma vantagem: ele nos permite considerar a única obra de Epicuro que chegou íntegra até nós, exatamente a *De rerum natura*, de Lucrécio, como uma fiel reelaboração do pensamento do mestre. É o próprio Lucrécio quem quer aparecer no papel de divulgador de um verbo: o verbo da liberdade intelectual, por meio do qual quer converter o seu destinatário, o nobre Mêmio e, como é óbvio, ao mesmo tempo cada leitor do poema. Ele deseja que qualquer leitor, ao ler o poema em hexâmetros latinos, saiba que na realidade está lendo a fiel reprodução do pensamento de Epicuro. Por isso insiste muito na dificuldade de traduzir: exatamente porque pretende que o leitor saiba que tem diante de si uma tradução[8]. É por isso também que, nos hinos que em cada livro ele dirige a Epicuro, descreve a sua própria posição diante do mestre, qual seja, a de quem põe os próprios pés sobre as pegadas daquele grande vulto[9]. Nada há para acrescentar, trata-se apenas de converter os incrédulos e aqueles obnubilados pelos prejuízos vigentes a respeito da grande luz das verdades científicas desveladas por Epicuro.

2

A primeira verdade diz respeito à própria noção de universo. Epicuro não se cansa de repetir que ele é infinito.

O universo existente não é limitado por nenhuma de suas dimensões: entretanto, deveria haver um limite. Mas não existe limite a não ser no caso de alguma coisa que deve constituir esse limite. Ora, uma vez que, além do conjunto das coisas, não existe nada (nem pode haver), deve-se concluir que o universo não tem limite e, portanto, é infinito (Lucrécio, I, 958-964).

Não importa – prossegue – em qual ponto do universo te coloques, onde quer que te encontres encontrar-te-ás num lugar a partir do qual o espaço estende-se ao infinito. E dá o

8. *Idem*, I, 136-145.
9. *Idem*, III, 3-6.

exemplo da flecha. Suponhamos que eu alcance o (presumível) ponto extremo do universo, e que dali arremesse uma flecha: pensas que ela chegará a voar para além ou que encontrará um obstáculo? Qualquer resposta que tu escolheres, ela

> te impedirá a retirada, e constranger-te-á a admitir que o universo se estende livre além de qualquer limite: ainda que haja ali um obstáculo externo que impede a flecha de alcançar sua meta, ou no caso de que esta possa prosseguir. Tanto num caso como no outro, o ponto do qual a flecha foi arremessada não é, evidentemente, o ponto terminal do universo. Onde quer que tu coloques o limite extremo do universo, eu te perguntarei o que aconteceu com a flecha (Lucrécio, I, 975-981).

Mas não somente o espaço é infinito, infinitos são os mundos, como o nosso, que ele contém. "O mundo é uma parte circunscrita do céu, que compreende astros e a Terra e todas as coisas visíveis. [...] Que tais mundos sejam infinitos em números é possível concebê-lo com o pensamento", escreve Epicuro a Meneceu. Um mundo como o nosso pode nascer a qualquer momento: nalgum lugar, por exemplo naqueles intervalos entre os vários mundos que se definem como *intermundia*; ou pode penetrar em mundos como o nosso, desde o momento em que todos esses mundos possam dissolver-se, antes ou depois. Tais mundos se formam – explica Epicuro ao seu ouvinte-leitor:

> quando algumas sementes apropriadas afluem de um mundo ou de um intermundo, ou de mais do que um, e pouco a pouco crescem e articulam-se entre si, e movimentam-se de um lugar para outro. [...] desenvolvem-se adequadamente alimentados por aqueles que os contêm, até atingirem sua perfeita conclusão e estabilidade[10].

O grande passo adiante que essa visão representa com relação ao antropocentrismo de Aristóteles (que redundará depois análoga à noção cristã das dimensões do universo) está exatamente aqui, nessa dilatação infinita do universo, na multiplicação infinita dos mundos, bem como no conseqüente redimensionamento dos demasiadamente narcisistas "terrestres":

---

10. *Idem*, X, 88-89.

Não é absolutamente verossímil pensar-se que, quando de todas as partes o espaço livre se abre, sem limites e infinito, quando sementes volteiam de mil maneiras, animadas por um movimento eterno, unicamente a nossa Terra e o nosso céu tenham sido criados, e que tudo o mais além deles, todos esses inumeráveis elementos primários, permaneçam inertes. (Lucrécio II 1052-1057).

Num certo ponto do seu quinto livro, talvez o mais original de todo o poema, Lucrécio chega a sugerir que também os outros mundos são habitados por seres viventes: "Seria justo aplicar isto ao universo em geral, aos vários mundos constituídos diversamente pela natureza, *mais adequadamente do que restringi-lo a um só mundo*, seja ele qual for" (V, 1344-1346). Naquele caso, Lucrécio parece querer assinalar que o ulterior corolário relativo aos mundos infinitos é uma ilação sua. Como veremos mais além, justamente o final do quinto livro é, possivelmente, o lugar no qual o Lucrécio-pensador percorreu por si mesmo caminhos próprios. Mas retornemos à doutrina do Mestre.

"Sementes", "elementos primários", "corpos da matéria", "átomos". São os diversos termos com os quais a física de Epicuro designa o átomo, que ele considera a única realidade primária, juntamente com o vazio. No espaço, imenso espaço, em que não há limites, eles "volteiam", como se exprime Lucrécio. São massas disseminadas de átomos; e uma força *imanente* (mas esta já é uma expressão que tem um pouco o sabor da providência estóica) determina-lhes a agregação. Graças a ela surgem mundos, seres, corpos, enquanto que operando na direção contrária, um fator íntimo de desgaste determina-lhes a inevitável desintegração.

Pode-se fixar a atenção propriamente nesse nexo e nele particularizar uma falha do sistema epicurista. Para Demócrito, criador da visão atomística da realidade, apropriada e desenvolvida depois por Epicuro, aquele volteio dos átomos não era mais do que um volteio cego, e todavia capaz de produzir a realidade física que todos nós vemos. Epicuro introduziu uma "correção": uma espécie de "direcionamento" dos átomos, que Lucrécio expressou em latim com a palavra *clinamem*, exatamente "inclinação", "desvio"[11]. Introduziu, portanto, uma

---

11. Lucrécio II, 292.

correção ao movimento dos átomos. Os átomos, por sua vez, em virtude de seu peso, cairiam constantemente na vertical. Não é possível fugir do "macromaterialismo" dessa visão de átomos-bala. Depois da conquista, glória do pensamento científico do século XX, da noção de matéria como energia (que parece devolver prestígio ao platonismo), e a superação do "limite por baixo" da matéria constituído pelo átomo-bala, a visão de Epicuro faz-nos rir um pouco. E do mesmo modo a confusão de invenções maquinadoras às quais Epicuro recorre para explicar o movimento nessa massa de átomos e, assim, dar um sentido ao êxito desse incessante movimento que se pareça com o mundo visível:

> Na queda em linha reta, que graças ao seu peso carrega os átomos através do vazio, num momento que não é pré-determinado, e num lugar que não é pré-estabelecido [estas especificações visam, um pouco penosamente, eliminar qualquer risco de providencialismo, mas permanecem afirmações um tanto dogmáticas], eles se distanciam um pouco: é o quanto basta para que se possa dizer que o movimento encontra-se modificado. Sem este desvio, como a gota d'água, os átomos cairiam de alto a baixo no vazio profundo: não haveria nenhum choque entre eles, nenhuma colisão, *e a natureza não teria criado coisa alguma* (Lucrécio II, 217-224).

Esta última formulação é muito mais sugestiva e, ao mesmo tempo, embaraçante de um ponto de vista estritamente atomístico: a natureza criadora se torna, inevitavelmente, uma entidade (ou uma força imanente) que dá um empurrão naquele vórtice de átomos em queda livre. Ela "cria" com a ajuda do *clinamem*:

> Todos os átomos [assim prossegue a demonstração] levados através do vazio inerte, devem mover-se com igual velocidade, não obstante a diversidade de peso. Os mais pesados não poderão jamais precipitar-se do alto sobre os mais leves, nem gerar por si [com a sua eficácia autônoma] os choques que diversificam: movimentos *graças aos quais* a natureza dirige [regula] a realidade [as coisas][12].

---

12. *Idem*, II, 238-242.

E, um pouco antes, ele havia falado em "movimentos criadores" determinados a partir daqueles choques[13]. Os choques (que Demócrito não havia previsto) são, portanto, indispensáveis para determinar o evento criativo, mas o *guiamento* da "natureza" (entidade imprecisa) é indispensável. Este *guiamento* se torna evidente (mas também embaraçoso) quando a infinita variedade dos seres, das espécies, das vegetações etc. impõe a conclusão de que os átomos não são todos iguais, são *diferenciados*, e que a própria "natureza" produziu-os assim diferenciados, com o objetivo de permitir o nascimento de seres diferentes (II, 377-380). Parece quase uma escorregadela em direção das "homeomerias" de Anaxágoras (os ossos são feitos de partes infinitamente pequenas de osso, assim como o sangue, assim como a água etc.), o que, no entanto, vem firmemente contestado (II, 830-920). Para completar essa idéia que encarrega a "natureza" de tarefas sempre mais complexas e determinantes, acrescenta-se um corolário: que as variedades de átomos não são infinitas (II, 478-521). E nesse ponto é de se perguntar quem estabeleceu o número máximo: sem dúvida a "natureza" onisciente. Esta, é inevitável reconhecê-lo, assemelha-se, pelo menos quanto às suas funções, à Νοῦς ("Mente"), que segundo Anaxágoras movimenta e regula as homeomerias.

À frente desse nó irresolvido (e na verdade não irrelevante), há em Epicuro, porém, uma grande instuição antecipadora: a idéia de que o mundo está destinado, também ele, a desaparecer (V, 91-145); que todo o universo é mortal, como o são as suas partes (V, 235-350); que o universo no seu conjunto não possui nenhum caráter de imortalidade (V, 351-379); enquanto que é a matéria atômica enquanto tal que constitui o único elemento durável, eterno (II, 294-307). Eternidade da matéria e mortalidade do universo conseguem assim conjugar-se. A realidade física se tornou, assim, historicizada, um bom passo adiante com relação às concepções antropomórficas, mais do que antropocêntricas, do universo, concebido não muito maior do que a carta geográfica de Hecateu.

---

13. *Idem*, II, 228.

II

Se é regra geral no estilo dos seguidores de Epicuro anular-se em relação ao Mestre, reduzindo-se ao papel de porta-voz do seu pensamento, é incômodo no entanto constatar como esse costume acrescentou dificuldades posteriores aos nossos já parcos conhecimentos. Ocorre assim o fato de que Lucrécio, único autor epicurista sobrevivente, omite com especial tenacidade e coerência, no seu longuíssimo poema, qualquer referência a si próprio. As únicas vezes em que fala na primeira pessoa ("eu vi...") e relembra – ou parece relembrar – suas experiências pessoais, que nos ajudam a reconstruir, embora com cautela, algum momento de sua vida, ele o faz unicamente para relembrar uma experiência científica vivida diretamente por ele. Não é, certamente, uma concessão ao autobiografismo. Assim, um autor que esteve em contato com um dos mais importantes círculos intelectuais de seu tempo, qual seja, o de Cícero e Ático (sabemos disso através de uma referência de Cícero numa carta ao irmão e de uma frase de Cornélio Nepos)[14], permanece para nós quase completamente desconhecido. A ponto de ter levado alguns estudiosos, forçando um pouco as coisas e não sendo dos mais ingênuos, a pensar que Lucrécio jamais tenha existido. Hipótese que, se fosse verdadeira, tornaria a situação ainda mais desesperadora: encontrar-nos-íamos, na realidade, diante de um poema sem autor; não teríamos mais nem o nome do autor e nem deveríamos acreditar no nome que consta do princípio e ao fim do poema nos dois preciosos manuscritos medievais que o transmitem. Mas essa hipótese é apenas um paradoxo. É impossível que as duas referências ao poeta Lucrécio que encontramos em Cícero e Cornélio Nepos não se refiram ao Lucrécio que os manuscritos do *De rerum natura* apresentam como autor do poema. Além disso, num fragmento epigráfico proveniente do monumento epicurista, mandado construir em Enoanda (Ásia menor) por um devoto epicurista de nome Diógenes, aparece o nome do "maravilhoso Caro", que poderia ser Lucrécio.

---

14. Cícero *Q*. fr. II, 10; Cornélio, *Vida de Ático*, 12.

Suscita alguma surpresa o fato de que, quase quatro séculos mais tarde, um erudito cristão da envergadura intelectual de Jerônimo esteja em condições de apresentar, no seu repertório cronográfico (*Chronicon*), uma pequena, inteligente e movimentada biografia de Lucrécio, constando também as datas exatas de nascimento e morte[15]. Uma vida breve, apenas 43 anos, que culminou com o suicídio, vivida entre 94-93 e 51-50 (ou 50-49) a.C. Vida marcada por um único trágico evento: a loucura causada por um filtro amoroso. Loucura que teria causado, por um lado, a composição em intervalos ("nos parêntesis de lucidez") do poema, e por outro, o suicídio. A notícia termina com uma informação filológica: o "editor" (póstumo) do poema seria mesmo Marco Túlio Cícero. Um editor crítico, excepcional, grande orador, político, estudioso de filosofia grega e poeta considerado morto pelos assassinos de encomenda dos componentes do triunvirato em 43 a.C.

Essa história é muito sugestiva, ainda que pareça, aqui e ali, um tanto ingênua demais. Por que, por exemplo, atribuir à alternância loucura/lucidez o fato de um poema não ter sido composto por impulso e sem interrupção? Qual o poema de oito mil versos não é composto um pouco por vez, alternando a sua redação em pausas mais ou menos longas? Portanto, que a composição tenha sido levada a cabo ao longo do tempo pelo complexo poema (ainda que se admitindo serem encontráveis indícios internos no poema!) nada mais é do que um fato comum a qualquer composição do gênero, trabalhada com muito esforço: ela não requer, como causa determinante, a loucura intermitente.

De qualquer modo, a loucura amorosa é um excelente impulso romanesco. E é assim que um decadente, Marcel Schwob (1867-1905), cujo livro (*Vidas Imaginárias*, 1896) foi comparado ao haxixe, escreveu o breve romance da vida de Lucrécio: não de todo "imaginário" como o título prometia, já que para começar o haxixe ele o encontrou em São Jerônimo. Para Schwob, cujo exotismo um tanto "colonialista" à la *Salambô* caía no

---

15. Jerônimo, *Crônica* s. a 94/3.

gosto "orientalizante" do "banho turco" ou dos quadros de Paul-Louis Bouchard e de Tapiró e Baró, o filtro amoroso teria sido dado a Lucrécio por uma misteriosa e "bela africana", de "seios metálicos", com fartas "massas encaracoladas de cabelos", que passava grande parte do tempo "na espreguiçadeira", rodeada de tonéis de vinho, com os braços cobertos "de esmeraldas translúcidas". Para encurtar a história, no fim do drama, Lucrécio "se aproximou da bela africana, que cozinhava" – num vigoroso ímpeto que contrastava com a referência precedente à "espreguiçadeira" – "uma poção num braseiro, numa panela de metal". (E sabe-se o quanto são perigosas as precipitações químicas produzidas por alguns metais). Empenhado em "fixar" a vista na poção, que se tornava cada vez mais semelhante a "um céu conturbado e verde" (fenômeno raro, na verdade), Lucrécio, mesmo com as doces advertências da mulher, foi induzido a beber o filtro. "De repente sua razão desapareceu, e ele esqueceu-se de todas as palavras gregas do papiro [de Epicuro]. E pela primeira vez, tendo enlouquecido, conheceu o amor e, na mesma noite, visto que tinha sido envenenado, encontrou a morte". Uma espécie de *chá do deserto*, talvez um pouco precipitado. Pobre São Jerônimo, de quanta morbidez se atribui ser ele a fonte. Inútil dizer que o santo erudito deve ter encontrado essas informações em outras fontes que o precederam. Nem mesmo tão antigas, na medida em que outro batalhador padre da Igreja, Lactâncio (que morreu cerca de 320 d.C.), o qual sempre conheceu e adotou Lucrécio para fins polêmicos, incluindo-o também na moldura de sua macabra atividade apologética de suicídios de escritores pagãos, inclusive o de Demócrito, pai do atomismo, ignora porém por completo o suicídio de Lucrécio. É possível supor que toda essa lenda tenha nascido a partir da leitura daquele poema que Lucrécio escreveu sobre o (presumível) suicídio de Demócrito (III, 1040-1041: "Sentindo enfraquecer na sua mente os movimentos da memória, apresentou-se espontaneamente à morte"), assim como pela obscura e mortificante descrição da fisiologia do abraço que Lucrécio desenvolve no final do quarto livro (1037-1191). E a partir disso, para passar a outro aspecto da biografia de São Jerônimo, tem-se a idéia um tanto extravagante de que, com a morte de Lucrécio, Cícero tenha feito a edição crítica (*emendavit*) do poema, o que simplesmente é uma construção – indigna de um biógrafo sério, mas concebível no século IV, quando Símaco organizava edições de Lívio e de outros clássicos – fundamentada nas cartas de Cícero ao irmão Quinto, que continham um breve e controvertido juízo sobre os "versos de Lucrécio". Naturalmente, é fácil poder-se esclarecer que nada autoriza a pensar que Lucrécio já estivesse morto quando Cícero escreveu aquela frase tão marcante: a frase é de fevereiro de 54 a.C. e Lucrécio, mesmo na cronologia atribuída a São Jerônimo, teria morrido antes do ano 50. Em suma, daquela biografia nada ficou de pé a não ser o fato de que ela mesma demonstra que, na ausência de informações sobre o poeta, ficava-se reduzido, da mesma forma que nós, a inquirir, até que com certa desenvoltura, o poema.

A descrição realística das minas de Escaptênsula (*Skapté Hyle*), na Trácia, e a expressão muito direta e quase autóptica que adota (VI, 806-810: "Não vês os odores que emanam de Escaptênsula?") fizeram pensar, talvez com razão, numa viagem à Grécia: experiência à qual os romanos cultos, ligados à filosofia, quase nunca se negavam. Para Lucrécio, que termina o poema compondo em hexâmetros latinos, alguns capítulos de Tucídides também poderiam ter sido uma espécie de "peregrinação" aos lugares citados pelo historiador. Nada há de insólito, portanto, ou de particularmente luminoso sobre a pessoa do poeta. Mas há uma série de lugares no poema que ajudam a compreender, por sua vez, o que pensava Lucrécio fora de sua estrita atividade de apaixonado divulgador da Física atomística. E são seus pensamentos políticos, ou melhor, aqueles referentes à realidade política que, claramente, brotam de sua longa experiência da realidade política e social romana. Assim como foi possível, por meio de um tradutor romano, o comediógrafo Plauto, escrever um *Plautinisches im Plautus* (Os Elementos Plautinianos em Plauto), poder-se-ia fazer o mesmo em relação a Lucrécio visando exatamente o seu pensamento, ou melhor, a sua maneira de reagir politicamente, o que não pode guardar relação com o tratado de Epicuro *Sobre a Natureza*.

Texto capital é o segundo prefácio. Tal prefácio é radicalmente, provocativamente antitético em relação à exaltação romana do heroísmo guerreiro: nele se exalta o estar atento às outras guerras "sem lhes participar dos perigos". Metáfora da serenidade conseguida, por intermédio da filosofia, pelo sábio, que permanece ausente da turbulência das paixões que levam à perdição, exatamente como o observador sereno da tempestade e da batalha que permanece ileso. Mas é o desenvolvimento posterior do prefácio que golpeia:

> Nada é mais doce do que ocupar as altas fortalezas da ciência: regiões serenas das quais, estendendo o olhar, pode-se ver os outros homens errarem por toda parte, competindo para distinguir-se pelo espírito, para disputar *in nobilitas* [que em Roma significa alcançar as magistraturas mais altas, a pretoria e o consulado, ou seja, pretende-se, para os descendentes do eleito a tais cargos, a condição de *nobilis*], esforçando-se até à fadiga, dia e noite, lançando-se ao máximo às riquezas a fim de obter o poder.

O corpo humano – continua um pouco além – tem necessidades muito limitadas: a natureza não exige muito. E opõe, àquele pouquíssimo, o modelo de vida senhorial: "estátuas douradas de jovens que empunham na mão direita tochas acesas para aclarar as orgias noturnas". As febres não abandonam seja um corpo luxuosamente vestido, seja um corpo "vestido de tecidos plebeus" (*plebeia vestis*)[16]. No fim do terceiro livro, o motivo retorna de forma pungente. Todo o livro, dedicado ao tema da mortalidade da alma e à conseqüente falta de fundamento do temor da morte, da qual o corolário é a demonstração da inconsistência desses castigos ultra-terrenos, culmina com autêntica fúria oratória através da exposição de um paradoxo (só aparentemente paradoxo): as penas infernais – a pedra de Sísifo, Tito lacerado pelas aves de rapina etc. – não estão naquele superpovoado Hades criado pela fantasia humana, mas aqui mesmo nesta terra!

> Sísifo existe, mas existe nesta terra, nós o temos sob os nossos olhos: ele se encarniça durante as eleições para obter os terríveis fasces e

---

16. Lucrécio II, 7-36.

os machados* [os símbolos do poder consular], mas se derrotado retira-se tomado pelo desespero[17].

E aqui, depois da pontual referência às eleições romanas, aos permanentes tormentos das campanhas eleitorais e das derrotas, Lucrécio coloca uma de suas mais importantes reflexões: "O poder é uma coisa vazia e, sobretudo, *não é jamais conseguido de fato* (inanest nec datur umquam)"[18]. O poder, portanto, não o possui nem mesmo aquele que acredita tê-lo. É um fantasma. O ato por meio do qual os eleitores te delegam o poder, ou parecem delegar, é enganoso: eles não te dão efetivamente nada. Esse é um golpe mortal a toda ética pública romana, fundamentada na perseguição a cargos políticos elevados, a consagrar uma idéia de convivência que gira ao redor da compra e venda eleitoral.

O esclarecimento dessa sentença de aparência paradoxal é outro aspecto altamente político do poema: trata-se do final do quinto livro, em que é traçado um perfil da história humana e da progressiva (e aos olhos de Lucrécio destrutiva) constituição da propriedade privada e do Estado. Segundo ele – provavelmente desvinculado de formulações das escolas precedentes –, na origem, o critério de indicação para um cargo de mando na comunidade primitiva era a beleza, a pujança física; naquele tempo, a propriedade não existia e os recursos (animais e terra) eram distribuídos "segundo a beleza, a força e as qualidades espirituais de cada um". Somente a seguir foi inventada a propriedade (*res inventa est*) e foi descoberto o ouro, que roubou sem qualquer esforço o prestígio da força e da beleza"[19]. A "verdadeira doutrina" (*vera ratio*) – ou seja, é de supor-se uma referência à doutrina de Epicuro –, em que ela governasse, haveria de subverter radicalmente essa absurda

---

* "Fasci et scuri": Na antiga Roma, era o símbolo da autoridade judiciária. Constituído pela "fasce", que é o feixe de varas amarrado em torno de um machado ("scure"), era carregado por um funcionário que precedia o juiz ao local do julgamento. Modernamente, passou a ser o símbolo político do fascismo. (N. da T.)

17. *Idem*, III, 995-997.
18. *Idem*, III, 998.
19. *Idem*, V, 1110-1114.

escala de valores: a verdadeira riqueza seria, em tal caso, saber viver com pouco, e neste pouco não haveria nunca a penúria. Ao contrário, a convivência foi fundada numa escala de valores oposta, que coloca como fundamento de tudo a opulência. Loucura, visto que "a luta que eles mantêm para conseguir o poder (*ad summum succedere honorem*: outra referência ao consulado) deixou o caminho cheio de perigos"[20]. A inveja os golpeia impreterivelmente e os precipita no horrível Tártaro. "É melhor, portanto, obedecer e conservar a tranqüilidade ao invés de exercer o domínio"[21] (*satius... parere quietum/quam regere imperio*: é um verso emprestado de Virgílio, no mais "imperialista" dos versos da *Eneida* [VI, 851]). É um elogio ao estado de dependência que suscita indagações sobre a posição social do próprio Lucrécio. O qual, na conclusão desse importante desenvolvimento, concede-se uma espécie de invectiva: "Deixai-os suar sangue e exaurir-se em vãs lutas através do mesquinho caminho da ambição! Eles não têm mais autonomia de pensamento (*sapiunt ex ore alieno*)"[22]. Eis por que no fim do terceiro livro, num contexto não menos premente e emotivo, lançava a fórmula "O poder nunca é efetivamente conquistado": exatamente porque aquele que, seguindo os caminhos da ambição, no fim o consegue, abdica do seu próprio cérebro: *sapit ex ore alieno*.

Assim era Lucrécio. E é sinal da íntima perplexidade intelectual de Cícero e do seu círculo o fato de esse homem de valor ter vivido à sua sombra e na sua intimidade, e ainda que ele tenha poetado naquele círculo, colocando em crise muitas das certezas com as quais esses homens viviam ou acreditavam viver.

3

Lucrécio atribui uma posição central, na sua exposição da doutrina epicurista, à demonstração da mortalidade da alma. Esse argumento ocupa inteiramente o terceiro dos seis livros do poema, constituindo o fulcro no qual se apóia a tese que parece

---

20. *Idem*, V, 1123-1124.
21. *Idem*, V, 1129-1130.
22. *Idem*, V, 1131-1133.

ser mais cara ao coração do poeta: não se deve temer a morte, com todas as implicações que esse temor insensato comporta.

Combatendo a tese da imortalidade da alma, profundamente enraízada no pensamento de Platão e Aristóteles, e mesmo anteriormente na tradição religiosa, Epicuro praticava, verdadeiramente, o mais radical gesto de ruptura. O gesto que o transformava *ipso facto* no inimigo, no subversor da tradição: precisamente num ateu, mesmo com sua insistente profissão de fé na existência dos deuses, embora fossem eles meros espectadores, segundo sua concepção, do funcionamento autônomo do universo.

Epicuro escreve a Meneceu:

> Eu tinha sempre presente o pensamento de que nada é para nós a morte. Todo bem e todo mal, de fato, estão na sensação. Por isso, o firme conhecimento de que a morte nada é para nós torna prazerosa a mortalidade da vida, não porque lhe acrescente um tempo infinito, mas porque elimina o desejo de imortalidade.

Epicuro subverte o senso comum: "Nada existe de terrível no viver quando se tem a genuína consciência de que não existe nada de terrível no não-viver". Daqui descende não somente o preceito epicurista sobre a *insignificância* da morte para qualquer vivente, mas também como um dado inquestionável a convicção de que a vida de quem não se guia por esse preceito é um inferno. É exatamente o contrário daquilo que o senso comum ama acreditar: isto é, que não viver é terrível, enquanto que viver é, *por si só*, uma condição favorável.

> Divaga aquele que sustenta temer a morte não porque nos traga dores quando chega, mas quando ela é iminente. Aquilo que de fato não nos perturba quando acontece, quando é esperado causa uma dor inexistente. Portanto, o mais horripilante dos males nada é para nós: ou seja, quando estamos vivos a morte não está presente, e quando ela está presente, então nós não estaremos mais aqui.

Também sob esse ponto de vista o senso comum está errado: "O vulgo ora foge da morte como o maior dos males, ora a procura para cessar os males da vida! O sábio, ao contrário, nem renuncia a viver e nem tem medo do não viver"[23].

---

23. D. L. X, 124-125.

É a consciência da natureza mortal da alma que elimina o temor da morte.

> Depois de haveres conhecido os elementos constitutivos do universo [os átomos], a variedade de suas formas e o eterno movimento que os arrasta e os faz girar espontaneamente, bem como o modo através do qual podem criar todas as coisas, o próximo argumento que devemos tratar é a natureza do espírito e da alma, e é necessário expulsar aquele temor de Aqueronte* que, penetrando até o fundo da existência humana, transtorna até às raízes a vida de todos, pinta-a inteiramente com o negro da morte e não deixa que qualquer prazer subsista puro e sem sombras (Lucrécio, III, 31-40).

O fio desse raciocínio é límpido: também o espírito e a alma (as faculdades intelectivas e o espírito vital) são aglomerados de átomos – obviamente, de átomos especiais *ad hoc*; em conseqüência, com a morte do organismo, eles também se distanciam (mas essa passagem requer, na sequência do livro, uma demonstração específica); se, portanto, também a alma é mortal, tudo aquilo que uma tradição milenar contou sobre as penas eternas que nos esperam no além, carece de fundamento. Os discursos terrificantes sobre o Hades e Aqueronte, os sofrimentos das almas e todo o instrumental teórico e prático correspondente a esse mundo inventado desfazem-se como a neve ao sol, se desvanecem. E surge quando muito o problema de entender por que nascemos. Nesse ponto, Lucrécio é muito claro e insistente: há uma casta sacerdotal que quer exercer o controle espiritual dos seres humanos. Ele o diz logo no princípio do poema ao seu destinatário e leitor: "Vencido pelos discursos terrificantes (*terriloquis dictis*) dos sacerdotes, em algum momento (*quovis tempore*) tu procurarás afastar-te de mim" (I 102-103). Aqui, a idéia do *interesse* de alguns em manter os homens na ignorância por meio do temor ao além é muito clara. Veremos se isso não é fruto de uma peculiar sensibilidade de Lucrécio. O seu diagnóstico não é distinto daquela tradição crítica que remonta à sofística e que é docu-

---

* Rio por onde a barca de Caronte leva as almas dos mortos para o portal guardado por Cérbero (o cão de três cabeças com cauda de serpente), de onde irão para o Tártaro, inferno, ou para os Campos Elísios, a ilha dos bem-aventurados. (N. da T.)

mentada pelo drama satírico de Crítias (*Sísifo*), no qual a invenção do além como lugar das penas eternas para apavorar os daqui é apresentada como o achado de alguém que queria, desse modo, consolidar o controle sobre o comportamento dos homens.

Porém, aquilo que distingue a antiga descoberta sofística da "invenção dos deuses" da pregação científica de Epicuro sobre a inexistência das penas do além é a distinta eficácia ética entre as duas descobertas. Epicuro e seus seguidores opõem-se nas antípodas da indiferença ética dos sofistas (de alguns deles, bem entendido). Para Epicuro e seus seguidores, a revelação da simples verdade, segundo a qual a morte é o fim de tudo e que não há "segundos tempos" a nos esperarem, implica uma ética inteiramente terrena e, por isso mesmo, mais austera. Toda a partida é jogada *aqui*, não há um *depois* com base no qual poderíamos nos regular. O bem, tu o fazes não por razões exteriores, mas porque deves fazê-lo *aqui*, como fonte da tua felicidade *aqui*. E a culminância dessa elevadíssima ética laica é que o bem é fonte de felicidade e bem-estar: é o altruísmo, poder-se-ia dizer com os utilitaristas ingleses, como forma suprema (e seguramente não nociva) de "egoísmo".

III

A superioridade moral daquele que se move sob a luz de Epicuro, com relação à vulgaridade hedonística daquele que continua a se aproveitar dos prejuízos alheios, é trazida à luz com a habitual veemência oratória de Lucrécio, ("orador com dotes poéticos", conforme acertadamente o definiu Goethe), na conclusão do terceiro livro. "Deitados à mesa, com as taças cheias de vinho, com a fronte sombreada por coroas, adoram dizer em tom convincente: 'Breve é para nós mortais o gozo desses bens: logo terão passado e não poderemos mais reclamá-los'"(III, 912-915). A empolgação oratória apossa-se do poeta, que é levado por ela a inventar uma dura reprimenda da Natureza aos cegos hedonistas ("Se a Natureza de repente se pusesse a falar e verberasse estas repreensões"): é uma ficção oratória que faz lembrar o discurso da Pátria, a Catilina, colocado por Cícero com análogo propósito emotivo no final da *Primeira Catilinária*. Eis uma escolha do discurso da Natureza que certamente inspirou o discurso um tanto duro da Natureza aos islandeses, no diálogo leopardiano:

> Que motivos tens, indivíduo mortal, para que te entregues a esses lamentos? A este pranto desmedido? Por que a morte arranca-te tais gemidos? Se pudeste gozar a vida até aqui, como desejaste, se todos esses prazeres não foram como que derramados num vaso furado, se não foram jogados fora e perdidos sem proveito, por que não te retirares da vida como um conviva saciado?[24]

Retorna ainda uma vez o motivo romano do banquete como lugar geométrico da "saciedade": os banquetes iluminados por estátuas efébicas do segundo prefácio, os banquetes dos hedonistas tristes nesse mesmo contexto do terceiro livro. "O que podemos responder a não ser que a Natureza nos está movendo um justo processo, que está defendendo uma causa mais do que fundada?"[25] Outra terminologia político-judiciária tipicamente romana.

A Natureza que se põe subitamente a falar não é, porém, um simples achado de oratória. A Natureza é a única "divindade" que ocupa, com funções diretivas, o universo atômico lucreciano. É certo que a personificação é um jogo, no qual o seu amigo Cícero ilustrou-se, a partir do seu discurso mais célebre e mais refinado, tendo nisso feito escola. Mas a Natureza também é a força que move os átomos. Quando procura explicar o confuso conceito de "desvio" (*clinamem*), Lucrécio deixa escapar uma frase muito esclarecedora: "Sem essa queda, os átomos, qual gotas d'água, cairiam todos na profundidade vertical do vazio, não nasceria entre eles nenhuma colisão e a *Natureza não teria podido criar coisa alguma*"[26]. E pouco depois, ainda mais claramente: "Os átomos não poderão gerar mais por si (*gignere per se*) aqueles choques que determinam os movimentos diferenciados graças aos quais *a Natureza regula a realidade* (*per quos Natura gerat res*)"[27]. Não po-

24. Lucrécio III, 933-938.
25. *Idem*, III, 950-951.
26. *Idem*, II, 221-224.
27. *Idem*, II, 240-241.

deria haver, em latim, expressão mais empenhadora do que *rem* (ou *res*) *gerere*: ela indica atividade do chefe, do responsável, do líder, de quem os pósteros recordam exatamente as *res gestae*.

Recapitulando: há uma Natureza que é força diretiva e reguladora; há um misterioso *clinamem* (provocado pela Natureza?) essencial para determinar os encontros-desencontros dos átomos; esses choques provocam os "movimentos genitais" (II, 228: *genitalis motus*), variados entre si, caso a caso, dos quais nascem os seres, os objetos etc. Será provavelmente a Natureza, visto que ela *gerit res,* a estabelecer a diferença entre o "modo genital e aquele outro". Mas isso seguramente investi-la-ia de um papel abertamente divino, assimilável àquele de uma divindade ativa e intervencionista, e igualmente decisiva, como as divindades tradicionais. Na verdade, escapa-lhe defini-la como "criadora" (II, 224). Uma solução seria a de definir essa divindade *sui generis* como um deus imanente dentro da própria realidade, tanto mais que ela se chama "natureza"; mas não parece que Epicuro tenha-se proposto a apresentar esse esclarecimento, e seguramente não o fez Lucrécio, que se arriscava a reduzir a frangalhos o mecanicismo atomístico.

A pouca clareza sobre esse ponto criou contradições. Num livro posterior, Lucrécio contradiz-se sobre um ponto delicado que está na base de sua construção e fala de "movimento espontâneo" dos átomos (III, 33), enquanto que no livro precedente ele havia escrito que os átomos "não poderão jamais gerar por si aqueles choques que determinam os movimentos diferenciados graças aos quais a Natureza regula a realidade". Aqui, ao contrário, recapitulando o já dito, ele afirma que os átomos "*sua sponte* (espontaneamente) giram, agitados por um movimento eterno" (III, 33). É tão embaraçosa a situação que Lucrécio recorre até à noção de "destino". No contexto do segundo livro, no qual ele se inclina para a idéia de que *não* são os próprios átomos que suscitam nem os "choques" nem os conseqüentes "movimentos", Lucrécio chega a uma fórmula em que arrisca até a escapar da ortodoxia, pelo menos sob o ponto de vista da terminologia. De fato, ele diz que "todos os movimentos são solidários", que "a cada vez um movimento novo nasce do mais antigo, segundo uma ordem pré-estabelecida (fixa: *certa ordem)*", e que "no seu declinar, os átomos, todavia, *não determinam um movimento que rompa as leis do destino*" (II, 251-254). De todo modo, sabemos por Cícero que "Epicuro acredita *superar a necessidade do destino* através da queda dos átomos" (*Do Destino*, 10, 22). Portanto, segundo parece, Epicuro dizia o contrário: o *clinamen* rompe "a necessidade do destino".

Chegado a esse ponto, coloca-se a indagação: que relação haverá entre a Natureza, a onipotente natureza lucreciana, e esse "destino"? Eles coincidem? Um dualismo, na verdade, seria problemático. E a situação torna-se ainda mais complicada se atentarmos para o final do quinto livro, quando se trata não mais do mundo natural mas daquele histórico e humano; quando menos o leitor espera, surge "uma não sei qual força oculta" (V, 1233: *vis abdita quaedam*), a qual transtorna inesperadamente a sorte dos homens. "Uma certa força [secreta] esfacela os destinos humanos e pisa os fasces gloriosos e os terríveis machados [uma vez mais os símbolos de poder dos cônsules romanos] e parece fazer-lhes zombaria"[28]. Não há o que dizer: é alguma coisa um pouco semelhante à tradicional noção de "destino". O primeiro a ressaltá-lo foi um grande e inquieto pensador francês, Pierre Bayle, no verbete "Lucréce", do *Dictionnaire historique et critique*:

> Eis um filósofo [escreve Bayle] que tem por bem negar obstinadamente a providência e a força da fortuna e atribuir todas as coisas ao movimento essencial dos átomos, causa que ele não sabe nem de onde vem, nem para onde vai; ao contrário, a experiência constrange-o a distinguir, no próprio curso dos eventos, uma viva propensão (*affectation*) a inverter nobrezas eminentes que se manifestam entre os homens. [E prossegue] Não me espanta o fato de Lucrécio ter-se dado conta desta tendência, inexplicável de observar seus princípios, bem como incômoda, de se explicar, inclusive pelos outros sistemas: é preciso admitir, de fato, que os fenômenos da história humana jogam os filósofos em embaraços não menos graves do que os fenômenos da história natural.

E conclui, não obstante, que o sistema epicurista é aquele que em maior grau está comprometido pelas dificuldades de que eu falo (*difficultés dont je parle*)[29]. Um estudioso moderno,

---

28. *Idem*, V, 1233-1235.
29. *Dictionnaire* [1699], ed. 1820-1824, pp. 512-514 (nota F).

seguramente menos inteligente que o grande crítico do Setecentos, tentou mudar aquela frase para impedi-la de dizer aquilo que não diz[30]. Procedimento tão fútil não mereceria nem ao menos ser lembrado se não fosse por si só um sinal do embaraço que ele suscita nos críticos (para dizer a verdade, um tanto carolas) um desvio tão forte da dissidência de Lucrécio em relação à ortodoxia epicurista.

Poder-se-ia dizer que aquele "desvio" provém precisamente de lá, do ponto em que, ainda uma vez, Lucrécio pensa sob o ponto de vista da realidade romana: "Os belos fasces e os terríveis machados". É sob os signos do poder político romano que ele pensa quando quer indicar as perseguições da potência cega, da "força oculta" imbuída de provocar a ruína dos poderosos. O aprofundar-se na sua realidade romana é a oportunidade, para Lucrécio, de exercer maior autonomia intelectual com relação ao Mestre, de quem ele se proclama, nos hinos, adepto submisso. Frente à realidade romana, Lucrécio cria com autonomia e pensa e reage com autonomia. Isso é evidente no próprio contexto do final do quinto livro – no que se refere ao terreno talvez o mais importante: aquele da religião. O que se explica. Não são compatíveis com a situação grega o peso político e o uso abertamente instrumental da religião vigentes em Roma. Em conseqüência, Lucrécio não manifesta, com referência ao "vulgar" culto dos deuses, aquela submissão indulgente própria de Epicuro, o qual (e Hermarco, seu herdeiro, ainda mais claramente) até mesmo admitia, ou sustentava como aceitável, a sanção religiosa enquanto instrumento de controle. Lucrécio descreve com acentos dignos de Evémero (divulgado por Ênio em Roma) a "invenção" dos deuses – de fato, ele no-los apresenta como invenção e as tratativas que ocorriam nas suas sedes, assunto que embora prometido num ponto do poema jamais foi desenvolvido[31] – e descarrega toda sua cortante ironia nos rituais da religião romana[32]:

---

30. "The Classical Quarterly" 41, 1991, 257.
31. Lucrécio V, 153-155.
32. *Idem*, V, 1172-1193.

Não é religiosidade mostrar-se continuamente andando cobertos com véus e dirigir-se a uma pedra [falando da adoração das estátuas], aproximar-se de todos os altares, atirar-se ao chão com as mãos espalmadas diante dos santuários, sujar os altares com rios de sangue de animais (V, 1198-1201)[33].

Tinha razão Bertrand Russel quando observou que o poema de Lucrécio era incongruente com relação ao carola assíduo e nobre da antiga religião[34]. Aquelas frases que recordamos rapidamente deveriam parecer escandalosas já poucos anos mais tarde, quando Augusto exibia a própria *pietas* de velado adorador de estátuas e de altares, e é assim que ele nos aparece em célebres baixo-relevos que o representam submisso, junto com toda a família, igualmente paramentada (mesmo que depois as mulheres daquela casa, quando tiraram os véus, adotassem comportamentos por assim dizer embaraçosos: e isso não só aos olhos do "casto" príncipe).

E foi dessa forma que os poetas, alinhados com as diretrizes culturais augustinianas, ignoraram ostensivamente Lucrécio, com quem tinham aprendido quase tudo e não apenas a técnica poética. Devem tê-lo criticado por trás, mas jamais o fizeram abertamente, citando seu nome. Exceto Ovídio, que no fim foi vítima da rigidez augustiniana. Ele escreveu com entusiasmo, numa das obras que depois foram usadas para prejudicá-lo, que o poema de Lucrécio haveria de durar tanto quanto o mundo[35].

Mas com toda certeza não é somente o ensinamento religioso ou anti-religioso que está na base do infortúnio de Lucrécio no tempo de Augusto (uma época, é bom lembrá-lo, decisiva do ponto de vista de destino dos livros: a censura que o príncipe praticava ou apoiava tinha seu efeito direto sobre as bibliotecas). Lucrécio foi discriminado, assim como Catulo, também porque a linguagem no âmbito sexual é de uma explícita e sumária crueza: inconciliável com a moral oficial augustiniana. Nunca mais, a seguir, a poesia latina (a poesia e não a produção técnica em versos) adotou tal temática (a fisiologia do abraço) – reservada obviamente aos procedimentos técnicos –, nem tampouco

---

33. Ao contrário disso, Epicuro admitia que o sábio "dedicasse estátuas" (D. L. X, 121b).
34. *St filis. Ocidental*, II, Milão, 1996, p. 349.
35. *Amores*, I, 15, 23-24.

tal linguagem. A métrica e o tom que se devem seguir, tão violados por Lucrécio, serão aqueles "codificados" por Virgílio, quando trata das penas de amor dos animais, nas *Geórgicas*, e daquelas dos humanos no quarto livro da *Eneida*. Além disso, a fisiologia do abraço, que ocupa a parte final do quarto livro lucreciano (1030 - 1287), compreende também uma sátira cortante do namoro e da corte (1121-1191), nela incluído o engraçado e caricatural "amante deixado do lado de fora" (*exclusus amator*: 1177). Para os literatos augustinianos, que tanto praticaram o gênero de poesia ancorada na voluntária e atormentada "escravidão de amor" morbidamente vivida, não terá sido agradável, de fato, a grave caricatura do seu *servitium*.

Não sobrou muito daquilo que o mestre havia escrito sobre o tema, a não ser a enxuta síntese que dava Diógenes de Tarso na *Epítome da Ética de Epicuro*: "O sábio não se enamorará". O que não impede que, nessa matéria, Lucrécio possa depender, inclusive ao pé da letra – como o fez com Tucídides, no caso da peste de Atenas que ele colocou no final do poema –, de Epicuro, em particular do tratado *Sobre o Amor*, que Diógenes Laércio inclui entre os melhores do mestre[36]. Ele não pode ter se comportado, com os textos de Epicuro, diferentemente do que com os de Tucídides; além disso, ele se proclama, desde o início, *tradutor* de Epicuro. Infelizmente, a perda total das obras do mestre impede a comprovação que, para nós, é clara no caso da peste de Atenas. Se, portanto, Lucrécio reflete, pontualmente, Epicuro, também no caso do tratado *Sobre o Amor*, não tem sentido procurar confirmação (como se costuma fazer) na antiga biografia romanesca do poeta, no seu rude e cruel tratamento do amplexo e da loucura do amor. Ou também, no que se refere a Epicuro, ou seja, sobre a fonte daqueles rudes versos, deveríamos imaginar que ele bebeu do cálice erótico e enlouquecido?

4

O sábio – sustentava Epicuro – "será dogmático nas suas convicções doutrinárias, não deixará jamais lugar para a dú-

---

36. D. L. X, 27.

vida"[37]. Tal propósito, por certo desagradável, denota talvez uma suspeita, no íntimo do mestre, a de ter deixado incoerências ou brechas na própria construção. O problema de retornar, de todo modo, a tais reconsiderações deve ter sido colocado pelos divulgadores de seu pensamento, levados, talvez de modo veleidoso, a disseminar as próprias demonstrações dos "sem dúvida" (*procul dubio*) e outras expressões encorajadoras. Vemos isso no caso de Lucrécio às voltas com um enorme problema. Ou seja, o seguinte: de um universo de átomos "que (por definição) não podem tomar a iniciativa de um movimento que infrinja as leis do destino", melhor dizendo, a partir de um universo rigidamente mecanicista como seria possível nascer o livre-arbítrio individual? (256-260) Como é possível saltar-se dos movimentos autônomos dos átomos para a "livre vontade" (*libera voluntas*) sem se ser obrigado a "proceder de causa em causa até o infinito"? (II, 255) O quanto esse problema atormenta o nosso autor entende-se, inclusive pelo inopinado e quase heterodoxo desvio – do qual já falamos –, visível no início do livro, no qual Lucrécio ousa dizer que os átomos movem-se "espontaneamente" (*sponte sua*: III, 33). Aqui, por sua vez, o problema aparece através de todo seu dilema: se o movimento dos átomos é hétero-dirigido, como podem eles dar corpo a seres dotados de "vontade livre", em particular com uma livre vontade de movimento?

> De onde vem essa liberdade existente na terra em relação a tudo aquilo que respira? De onde vem esse poder *estraçalhado arrancado pelos fatos*, que nos faz ir a qualquer lugar para onde nos leve a nossa vontade e que nos permite mudar de direção sem sermos determinados nem pelo tempo, nem pelo lugar, mas ao bel prazer de nossa mente?

A resposta, que se inicia com um tranqüilizador "sem dúvida" (II, 261), é ainda mais tortuosa e confusa. Num primeiro momento, a explicação é sobretudo uma constatação: é evidente que qualquer movimento obedece a um impulso da vontade, como nos cavalos presos dentro de um recinto: quando, sob o impulso de escapar, eles disparam, o impulso de escapar

---

37. *Idem*, X, 121b.

vem quase sempre de um ato mental, ao qual se segue, imediatamente, o ato de escapar correndo. Como é que se manifesta o impulso-vontade? "Toda matéria dispersa pelo corpo deve animar-se" (II, 266); "O princípio do movimento tem sua origem no coração" (269) e deriva da "vontade do espírito" (270: *ex animi voluntate*). Mas então: "aos átomos é preciso atribuir a mesma propriedade, e reconhecer que existe neles, além do choque e do peso, uma outra causa inerente ao movimento (285: *aliam causam motibus*), da qual provém em nós essa faculdade inata (286: *haec inata potestas*): de fato, nada nasce do nada" (284-287).

Dessa forma, a faculdade "inata" do livre querer é atribuída aos próprios átomos. Por isso, o problema na realidade foi afastado, não propriamente resolvido. Nem a qualidade da explicação parece muito elevada: assemelha-se, se pudermos recorrer a uma comparação irreverente, àquela explicação pseudo-científica, ou melhor, ela é reduzida a um simples jogo de palavras, como no Medievo, quando se explicava que a papoula faz dormir porque guarda em si mesma a *virtus dormitiva*. De tudo quanto foi dito, seríamos levados a pensar que essa "faculdade inata" refira-se a todos os átomos. Mas, continuando a penetrar na explicação lucreciana apreendemos que, na realidade, o espírito (*animus*, isto é, a força intelectual que guia o corpo) é feito de átomos especialíssimos: "é finíssimo (*per subtilis*) e feito de átomos extremamente pequenos (*minutis corporibus factum*)" (III, 179-180). Para nos convencer – prossegue Lucrécio, cheio de boa vontade – o único a fazer é pensar sobre isso:

> Não há nada que se realize com a rapidez que a mente opera ao propor-se de um ato e começar. O espírito está sempre pronto a mover-se sobre qualquer objeto sob os nossos olhos e sob o domínio dos nossos sentidos. Mas uma substância tão mutável deve ser composta de elementos extremamente móveis e extremamente diminutos caso um impulso levíssimo possa colocá-los em movimento (III, 182-188).

A idéia, que parece ingênua, torna-se verossímil por meio de uma analogia que se origina na experiência macroscópica: observem as sementes de papoula; basta um sopro do vento para fazê-las cair em quantidade da flor; um amontoado de pedras, ao contrário, permanece imóvel se sujeito ao mesmo impulso.

Na esteira de Epicuro, Lucrécio convenceu-se de que a construção atomística seria depreciada caso se admitisse – como pretendem outras correntes de pensamento – que as faculdades intelectivas, entre as quais a vontade, já fazem "parte do homem, tanto quanto um pé ou um olho", mas sim que elas são uma "disposição vital" (III, 99: *habitus vitalis,* ou ainda, como dizem os gregos "harmonia"): "como se fala habitualmente da saúde do corpo, sem que a saúde seja um órgão do sujeito" (III, 102-103). A réplica de Lucrécio é sobretudo frágil: comumente a parte externa e visível do nosso corpo fica doente enquanto em outra parte, não visível, estamos muito bem (106-107). Depois do que, desfazendo-se apressadamente de uma hipótese válida, apressa-se a prometer: porém agora verão que lhes demonstrarei que também o espírito está contido entre os membros (117).

Na esplêndida página que serve como breve preâmbulo à tradução alemã de Lucrécio pelo seu colega de berlinense Herman Diels (1924), Albert Einstein observa, num raciocínio rico em profundidade e afeto pelo grande poeta materialista, que a própria idéia de se imaginar, para a alma e o espírito, átomos particularmente velozes, não é mais do que uma fuga. "Imaginando isso – escreve Einstein –, Lucrécio [e obviamente a crítica envolve Epicuro] a rigor entra em contradição com o próprio pensamento. Ou ainda – acrescenta – atribui a um tipo especial de matéria aquelas que são, na realidade, formas de experiência".

Mas seria talvez um erro de perspectiva tratar a construção epicurista como um sistema científico. Epicuro não fez pesquisa de física, nem de geometria, nem de história natural. Tímon de Fliunte, que o detestava, definia-o como "o último dos físicos" (fr. 51 Diels). O sentido e o objetivo de sua construção são a sabedoria tranqüilizadora que deve surgir a partir de sua pedagogia ética. Epicuro pretende-se um mestre de felicidade. A física atomística, que ele já encontrou desenvolvida em Demócrito, e à qual agregou adaptações empíricas e talvez pueris como o obscuro achado do *ciclamen*, nada mais é do que uma indispensável premissa daquela autônoma (no sentido kantiano) e elevada ética laica que está no centro do seu pensamento. A demolição dos medos atávicos que nenhum sistema filosófico anterior havia afrontado – o temor dos deuses autoritários, como caprichosos protetores, e ainda mais caprichosos castigadores, bem como o temor da morte, importante corolário do dogma universal assumida da imortalidade da alma –: esse é o seu grande objetivo. Ou seja, restituir a felicidade aos homens libertando-os dos absurdos e dolorosos medos. Por isso, Lucrécio dedica-lhe um hino no seu primeiro prefácio:

> A humanidade levava sobre a terra uma existência abjeta, submetida ao peso da religião: do alto das regiões celestes ela ameaçava os mortais com sua face terrível. Foi quando, pela primeira vez, um grego, um ser humano, ousou levantar os olhos mortais contra ela e opor-se.

Graças a ele, ao seu ensinamento científico, "a religião foi abatida e submetida, e a nossa vitória alçou-nos aos céus, nos faz parceiros dos deuses" (I, 62-70). A felicidade assim conquistada é a ausência da dor, é um prazer sofisticado, é a conquista intelectual. Felicidade totalmente humana porque está num mundo que é um incessante vórtice de átomos, estranho a qualquer (imaginária) intervenção divina, a responsabilidade é só nossa: são os próprios humanos os artífices dessa dificílima e austera conquista do prazer, isto é, da felicidade. No fundo, existe uma Natureza onipotente que de vez em quando parece identificar-se com o próprio universo, como força imanente, mas cujo aspecto jamais pode ser esclarecido, visto que tal esclarecimento não foi nem ao menos tentado.

Uma Natureza – e este é o elemento que se tornaria o fundamento do pensamento leopardiano – que não criou este mundo para nós como, na mais densa e inspirada das *Operette morali*, ele explica precisamente ao desditoso islandês. Convence-te de – repete duas vezes Lucrécio ao seu destinatário, ou seja, a todos os prosélitos que deseja conquistar – "que o mundo (*natura mundi*) não foi feito para nós pela vontade divina: tão cheio é ele de inconvenientes (*tanta stat preadita culpa*)" (II, 180-181 = V, 198-199). A implicação evidente é que, caso uma vontade divina o tivesse criado, o mundo seria confortável para nós, e no entanto, ao contrário, ele não é: o mundo é cheio de culpas pelos nossos confrontos. Aqui transparece uma necessidade sutil, apoiada serenamente pela força da razão, da *providência*. Uma necessidade que não deve ter como consolação o recurso às fábulas, mas a serenidade do sábio: sua capacidade de tornar-se feliz, dissipando a dor e procurando na amizade dos outros seres humanos, sem distinção de sexo ou de *status*, o próprio fundamento da felicidade. Pouco antes de morrer, Epicuro assim escrevia a Idomeneu e a outros amigos:

> Neste dia feliz, que é também o último da minha vida, escrevo a vocês estas linhas. As dores decorrentes da estrangúria e da disenteria não me abandonaram nem um segundo, nem ao menos diminuíram de intensidade. Mas a todos esses males a minha alma resiste, jubilosa com as recordações dos nossos colóquios do passado. Cuidem, recomendo-lhes, dos filhos de Metrodoro, dignamente, com a generosa propensão que desde muito jovens vocês demonstraram por mim e pela filosofia.

Todos os dias da vida do sábio, inclusive aquele da sua morte, são felizes porque ele é aquele que é capaz de torná-los felizes com o seu trabalho mental.

Nenhuma religião teve a capacidade de ensinar isso aos seus seguidores. Exalta-se a força das religiões ao se olhar a sua duração no tempo. Deixa-se de pensar que também a sabedoria laica de Epicuro, que nunca precisou dos deuses, viveu e continua a viver através dos milênios. Ela desperta nos seus seguidores modernos tanta vitalidade quanto as religiões salvadoras. Mas Epicuro não oferecia a salvação em outra vida, ensinava a conquistá-la, por meio da razão, aqui, nesta vida.

5

Nenhuma escola filosófica, nenhuma religião perdoou-lhe isso. A aversão contra Epicuro (e, em conseqüência, contra os seguidores e divulgadores do seu pensamento) foi constante e implacável: quase um gênero filosófico-literário. No início do décimo e último livro das *Vidas dos Filósofos*, todo dedicado a

Epicuro, Diógenes Laércio faz uma resenha sumária dos caluniadores (como na *Apologia de Sócrates*, escrita por Platão, toda a primeira parte é dedicada aos "antigos acusadores"). Foram forjadas "cartas escandalosas" que circularam com o nome de Epicuro, de algumas sabendo-se que eram do estóico Diotimo (ou Teotimo). Possidônio e a sua escola dedicaram-se também a esse gênero de polêmica baixa, centrada sobre detalhes privados infamantes[38]. Os mais encarniçados eram obviamente os apóstatas. O irmão de Metrodoro, quando este – aluno predileto de Epicuro – abandonou o mestre, escreveu um panfleto intitulado *Delícias*, que sustentava que Epicuro "era tão inclinado à devassidão que vomitava duas vezes por dia, e que ele próprio só conseguia fugir daquelas orgias noturnas e daquela associação de iniciados com muito esforço"[39].

Diógenes Laércio reagiu a essa tradição com uma memorável página apologética que começa com as palavras:

> A loucura desses críticos é evidente. O nosso mestre, ao contrário, tem testemunhos suficientes da sua invencível probidade de sentimentos com relação a todos: à pátria que o homenageou com estátuas de bronze; aos amigos, que são tantos que juntos somariam cidades inteiras; a todos aqueles que o freqüentaram intimamente, ligados pela corrente de fascínio – das sereias, poder-se-ia dizer – da sua doutrina, excetuando-se Metrodoro, que se passou para a escola de Carnéades, talvez porque a invencível bondade do mestre lhe pesasse; à ininterrupta continuidade de sua escola que, enquanto quase todas as outras se apagavam, continuou firme, com uma inumerável fileira de discípulos que transmitem uns aos outros a orientação da escola; e à gratidão dos seus pais, à benéfica generosidade com os irmãos, à brandura para com os escravos, como se torna evidente também pelo seu testamento e pelo fato de que eles tomavam parte nos seus ensinamentos, dos quais o mais célebre foi Mis, de quem já havíamos falado [de fato, ele é recordado em X, 3]; e, em geral, à sua filantropia, que se direcionava a todo gênero humano[40].

O elogio continua com outros detalhes, após o que Diógenes oferece farta antologia de escritos do mestre, que ocupa grande parte do livro, a fim de comprovar os fundamentos daqueles elogios. Parece-nos importante destacar que aquela página

---

38. *Idem*, X, 3-8.
39. *Idem*, X, 6.
40. *Idem*, X, 9.

Diógenes deve tê-la extraído de escritores que vieram muito antes dele. Observou-se, de fato, que no tempo em que viveu Diógenes (II d.C.), a sucessão de escolarcas* no topo da escola, que por um tempo teve sede no "Jardim" de Epicuro, havia sido interrompida há algum tempo. Na verdade, para responder à importante pergunta "O que pensava Diógenes?", parece importante o fato de ele haver assumido aquela página como parte dos seus escritos, tornando-a a base da longa e circunstanciada exposição e pressuposto da coletânea dos textos.

Coletânea para nós preciosa, que nos salvou, íntegros, três breves escritos, em meio ao naufrágio dos outros trezentos rolos de escritos que Diógenes recorda com admiração pelo prolífico escritor, quando elabora uma breve seleção dos títulos principais das obras de Epicuro. O naufrágio dessa imponente coleção não pode ser separado da hostilidade daqueles para os quais esse pensamento foi alvo constante. É evidente que, graças sobretudo ao cristianismo, a linha do pensamento grego que foi privilegiada (porque foi absorvida de outra maneira pelo pensamento cristão) foi aquela de Platão e Aristóteles: o que contribuiu para "condenar" à perdição todo o resto.

À primeira vista pode surpreender a perseguição cristã contra Epicuro e seus seguidores: a "teologia" epicurista, na verdade, resulta demolidora para o Olimpo pagão. Mas aquele Olimpo estava há muito tempo vazio quando os padres latinos do quarto século fustigaram Epicuro e Lucrécio chamando-os de "loucos", para eles sinônimo de ateísmo ("A religião será pisoteada se acreditarmos em Epicuro", escreve Lactâncio)[41]. Contra qualquer concessão não confessional da divindade eles brandiam aquela idéia. Quando esses guerreiros da nova fé enfureciam-se – nos seus escritos – contra o breviário epicurista de Lucrécio (que no entanto encontrará o beneplácito de um Isidoro de Sevilha), tornavam intoleráveis, mesmo para os cristãos, formulações como aquela de Epicuro a Meneceu:

---

* Do grego *skholárkhes*, diádoco ou chefe de escola de filosofia na Grécia antiga. (N. da T.)

41. Lactâncio, *A Criação Divina* 6, 1; *A Cólera Divina* 8.

"Ímpio não é aquele que nega os deuses do povo; mas aquele que atribui aos deuses as crenças do povo"[42]. No entanto, por muito tempo epicuristas e cristãos foram tratados da mesma maneira e ambos eram desprezados. Na segunda metade do segundo século d.C., Luciano de Samosata conta sobre um homem de mau caráter, de nome Alexandre, que vendia oráculos, que antes de começar a divulgar os seus "mistérios" tinha o hábito de avisar: "Se há qualquer ateu, ou cristão, ou epicurista que esteja espiando os nossos rituais, mandem-no embora rápido". Ele gritava: "Fora os cristãos!", e a multidão: "Fora os epicuristas!". E somente quando a dupla violência se consumava, o rito começava[43].

Ainda não havia chegado o tempo em que um verdadeiro comércio sacro seria instituído em torno dos santuários cristãos, no florescimento daquilo que, muitos séculos depois, Pierre Gassendi definiu como "o elemento servil" das religiões. Gassendi (1592-1655), aluno e crítico de Descartes, restaurador dos estudos epicuristas na idade moderna, professor de matemática no Collège de France, sustentava, no seu tratado *De vita et moribus Epicuri* (1649), que a religião ensinada por Epicuro era singularmente pura. De fato, ele distinguia no seio das religiões, entre os elementos servis, a troca de favores entre homens e divindades, e os elementos filiais, aqueles que dizem respeito à pura devoção[44]. Portanto – dizia ele –, a religião de Epicuro pode parecer "falha" para alguns exatamente porque ela não contém os elementos servis.

---

42. D. L. X, 123.
43. Luciano, *Alexandre* 38.
44. Pierre Gassendi, *De vita et moribus Epicuri*, livro IV, cap. III.

6. UM OFÍCIO PERIGOSO

Numa conferência pronunciada em Praga, em 1935, Edmund Husserl formulou este diagnóstico: "Os conservadores e os filósofos estão combatendo uns aos outros e, certamente, este combate se desenvolverá na esfera do poder político". Voltando o olhar ao passado, ele completa: "A perseguição começou desde o início da filosofia. Os homens que consagram sua vida às idéias são colocados à margem da sociedade". E com um ímpeto de otimismo, que hoje poderia parecer anacrônico ou, de todo modo, pouco coerente com a realidade, concluía: "Mesmo assim, as idéias são mais fortes do que qualquer outro poder empírico". No ano seguinte, o nazismo privou Husserl de sua qualificação de professor.

No mundo antigo essa tensão entre filósofos e poder político parece ter sido particularmente aguda. Por uma ou por outra razão, os personagens cujas trajetórias contamos até aqui viveram tais experiências: seja diretamente no decurso de sua vida, na qual não faltaram perigos, ou seja porque as idéias que eles professaram foram objeto de alarmante repúdio ou até mesmo de demonização. Posteriormente, quando o cristianismo tornou-se a religião dominante, atraindo para si o espírito e a mente das classes dirigentes do mundo helenístico-romano, a situação a seguir piorou.

Este problema mereceria uma reflexão aprofundada (que não faremos aqui): por que aquele tipo de religião conquistou os segmentos elevados e os convenceu de que, convertidos, eles desempenhariam melhor o seu papel de mando? A resposta talvez esteja na capacidade que o cristianismo demonstrou ter de aderir à ordem existente, tanto social quanto política, sem abrir mão de sua estrutura organizativa autônoma além de doutrinal, uma espécie de Estado dentro do Estado que, mesmo no esfacelamento do império romano do Ocidente, demonstrou ter a necessária vitalidade para sobreviver a ele. Um Estado de fato, que no transcorrer do século entre o edito de tolerância de Constantino e a proclamação, por Teodósio, do cristianismo como religião oficial do Estado, muda o mundo e assiste à morte da mentalidade que podemos definir como "antiga".

O pensamento filosófico não cristão foi então exposto a um perigo extremo: aquele de desaparecer por efeitos de uma drástica "revolução cultural". As coisas não ocorrem assim porque, no seu longo caminho em direção à hegemonia, o próprio cristianismo havia absorvido muitos elementos do pensamento grego, a ponto de começar a fragmentar-se em "heresias" precisamente por causa dos elementos filosóficos que havia absorvido em si. A trajetória porém não decorreu sem dor.

Alexandria teve então um papel quase emblemático. Era a cidade de Atanácio o grande modelo da ortodoxia que, a partir do primeiro concílio ecumênico, ocorrido em Nicéia (perto da nova capital), ainda sob Constantino (325 d.C.), havia em meio a altos e baixos prevalecido contra o arianismo. Primeiro ato de uma batalha sobre a "Trindade", que comportava, observando-se bem, um choque entre abnegação teológica a uma "verdade" incompreensível e um impulso irracional e incoercível de matriz filosófica. Atanácio, morto em 373, está entre os primeiros bispos que se tornaram objeto de culto, mesmo não sendo classificável na categoria dos mártires. Alexandria tinha, para prestígio dos seus bispos, conquistado um papel que pode ser interpretado inclusive como uma espécie de independência político-institucional e doutrinal. No final do IV século e início do V sucederam-se, naquele trono patriarcal, figuras hegemônicas e inquietantes: o bispo Teófilo, que assumiu o poder no 391 d.C., e seu sobrinho Cirilo, que reinou longo tempo, de 412 a 444.

O "reino" desses dois homens, as destruições e as mortes que eles provocaram, direta ou indiretamente, serão sempre argumento sobre a divisão entre cultura laica e cultura clerical. Edward Gibbon, que escreveu a sua *History of Decline and Fall of Roman Empire* poucos anos antes da Revolução Francesa, caracterizou-o do seguinte modo, acusando para sempre o bispo Teófilo: "O trono do Arcebispo de Alexandria estava naquela época ocupado por Teófilo, eterno inimigo da paz e da virtude, homem mau e ousado, cujas mãos foram alternativamente manchadas pelo sangue e pelo ouro"[1]. Já com o "governo" de Teófilo manifestara-se um fenômeno que teria grande futuro: o qual podemos chamar de provocação alusiva. Entendemos por essa fórmula o gesto de uma autoridade que, assumido de forma consciente ou inconsciente (ainda que seja muito difícil sustentar-se a inconsciência), deixa-se interpretar como um incitamento dirigido à massa fanática, e que assim se resolve como um multiplicador da violência. Ao seu modo é um mecanismo perfeito graças à divisão de papéis que consente que a autoridade permaneça formalmente estranha com relação à responsabilidade direta pelas piores violências. Isso acontece precisamente sob o mando de Teófilo e repete-se sob Cirilo.

Passemos ainda a palavra a Gibbon: "As honras prestadas [por uma parte da população alexandrina] a Serápis* in-

---

1. *History*, cap. XXVIII.

* A Gnose começa no Egito com o culto ao deus Serápis. Segundo os gnósticos, Cristo teria recebido sua iniciação de Serápis. Helenizado, o homem com cabeça de touro, na versão grega, é um homem com barba e bigode que traz na cabeça o *modium* cheio de trigo, também chamado *kalathos*. Seu nome egípcio é User-Hep e simboliza a união dos deuses Osíris e Ápis. Fonte de oráculos, era também um deus curador, livrava os homens de suas dores, principalmente por meio de adivinhações. Os

citaram a sua [de Teófilo] piedosa indignação; e os seus ultrajes a uma antiga capela de Baco persuadiram os pagãos de que ele arquitetava um empreendimento mais importante e perigoso". O culto de Serápis era ainda muito vital em Alexandria, não obstante a forte e aguerrida presença cristã. A cidade era então uma autêntica metrópole com muitas almas: e aquela "pagã" não tinha sido debelada, mesmo sendo minoritária. Teófilo deu o sinal, as hordas dos seus seguidores fanáticos fizeram o resto. Não narraremos as fases do assédio, diremos somente que a destruição sistemática do templo, até nos seus fundamentos, envolveu também a preciosa e antiga biblioteca de Serápis, aquela "biblioteca filha" cuja implantação era devida a Ptolomeu Filadelfo (III a.C.). "Cerca de vinte anos depois – comenta Gibbon – a vista das estantes vazias produzia o desgosto e indignação de qualquer espectador que não tivesse a mente totalmente obscurecida pelos danos religiosos". E cita as palavras muito envergonhadas do cristianíssimo Orósio, um discípulo ibérico de Agostinho, que soam mais ou menos assim: "Aquelas estantes, eu as vi com meus olhos destruídas por homens nossos, nos nossos dias"[2]. Gibbon comenta que Orósio, "ainda que fosse um carola, neste caso pareceu-me que corava com aquele desastre".

Vinte anos depois, sob Cirilo, a dinâmica foi análoga. Tanto num caso como no outro, o poder civil contrastava com aquele dos bispos. Nem o recurso ao poder central, ao longínquo imperador que residia no Bósforo, serviu para alguma coisa. Teodósio, o grande, estava em plena sintonia com Teófilo. E, assim, ninguém em Bizâncio – onde Pulquéria dirigia os passos de um Teodósio II ainda criança – teria ousado voltar-se contra o potente Cirilo. "O seu título de *santo* é sinal de que as suas opiniões e sua facção no fim prevaleceram", comenta Gibbon[3], o qual recorda também algumas das *proezas* que

---

doentes passavam a noite ao pé do altar e sonhavam com fórmulas de cura que eram interpretadas pelos ministros dessa fé. Foi identificado com Zeus e com Hades pelos gregos, o que lhe confere grande carga simbólica ligada à fertilidade, à vida e à morte. A estátua de Serápis chegou à Alexandria em 300 a.C. por meio de Ptolomeu I. (N. da T.)

2. *Contra os Pagãos*, VI, 15, 32.
3. *History*, cap. XLVII.

eram contadas por conta desse "santo" prelado, inventor do dogma segundo o qual Maria é a "mãe de Deus" (*Theotókos*).

Cirilo pregava e jejuava no deserto, "mas os seus pensamentos" (como diz Isidoro de Pelúsio numa carta) "estavam sempre fixos no mundo". Exemplo não raro de eremita mundano, Cirilo também escreveu muito: pensando nas modernas edições que reúnem suas obras, nas modernas bibliotecas que todos visitamos com arrepio e deleite, Gibbon fala que os "sete prolixos volumes *in folio* dormem em paz ao lado dos seus rivais." Nem se priva do prazer de relembrar que Ellies Dupin, o douto e desafortunado autor da *Biblioteca Eclesiástica* do final do Seiscentos, suspeito (com razão) de simpatizar com galicismos, "ensina-nos a desprezar tais volumes, mesmo que fale deles com respeito".

Pois bem, Cirilo, diferentemente de seu tio, havia encontrado um obstáculo no seu caminho: o prefeito do Egito, Orestes, um dos maiores funcionários imperiais. Orestes não compreendia que o seu papel seria o de um vulgar chefe de seção e distribuía as suas simpatias igualmente para todos os súditos. Um primeiro atrito aconteceu quando Cirilo quis expulsar os hebreus, empreendendo uma perseguição às suas antigas comunidades estabelecidas em Alexandria desde a fundação da cidade. A destruição das sinagogas foi o prelúdio da expulsão. O prefeito do Egito não podia assistir inerte a essa onda de violências: porém os seus protestos junto ao governo central não encontravam resposta, tal era a sujeição que Cirilo exercia sobre a corte.

Cirilo tinha à disposição uma tropa de voluntários prontos a tudo: eram os "parabolanos", uma espécie de confraria de enfermeiros que fora constituída no tempo em que a peste eclodiu, durante o império de Galeno. A eles juntava-se outra "tropa", formada por monges fanáticos do deserto da Nítria, reunidos em Alexandria a pedido dos bispos. Os mesmos haviam um dia agredido Orestes com a intenção de intimidá-lo. Diante das "bestas ferozes do deserto" (assim Gibbon define aqueles monges), até os guardas fugiram, e Orestes arriscou-se a permanecer esticado na estrada, lancetado, coberto de sangue. Salvo pelos seus cidadãos, Orestes mandou punir exemplarmente o chefe dos monges-milicianos, de nome Amônio. Amônio morreu a golpes de chicote, mas Cirilo alçou-o à glória dos altares com o nome de Taumásio.

Era a guerra aberta. O segundo conflito, ainda mais grave teve como pretexto e como vítima uma mulher muito ligada a Orestes e famosa na sua cidade por sua cultura e prestígio: Hipátias de Alexandria.

Hipátias era filha de Téon, matemático e filósofo, de quem herdara o ensinamento. As fontes que nos falam dela, sejam neoplatônicas ou cristãs, manifestam grande admiração por essa mulher extraordinária: pela sua cultura, pelo seu estilo de vida austero e pela sua renomada beleza. Tinha-se tornado uma "autoridade" em Alexandria e, como tal, Orestes freqüentava-a para obter conselhos. Hipátias se tornou uma figura lendária e também um símbolo: mas o núcleo da tradição ao qual pertence é indiscutível. O testemunho de um aluno seu, que depois tornou-se, traindo os seus ensinamentos, bispo cristão de Ptolemais, Sinésio de Cirena, poeta e orador, parece decisivo: é a voz admirada e devotada de um homem que fez uma escolha muito diferente da sua e que, por isso mesmo, é ainda mais digna de ser ouvida. Cirilo não podia tolerar esse cenáculo científico neoplatônico. O seu projeto de "conquista" da cidade parecia-lhe embaraçado, perturbado, por essa outra voz tão oposta, tão viva desse centro espiritual. Reavivou a luta anti-pagã, criando um alvo polêmico que serviu bem a tal fim. Também nesse caso tratava-se de aludir, de indicar o objetivo; outros haveriam de agir: "A cada um o que é seu!". Os efeitos desse hábil modo de proceder observam-se ainda séculos depois. A *Enciclopédia Italiana*, em pleno século XX, exprime-se assim:

> Desde o princípio [Cirilo] distinguiu-se pelo seu zelo contra os "novacianos" e os judeus, frequente causa de desordens, e que ele mandou expulsar numa rebelião popular na cidade; com este episódio ele alimentou para sempre a inimizade de Orestes, prefeito imperial. Por erro ele foi acusado de ter ordenado o assassinato de Hipátias; é provável que os promotores da rebelião na qual ela pereceu tenham pensado em agradá-lo[4].

É mais ou menos o que Cirilo teria desejado que se dissesse.

---

4. Vol. X, 1931, p. 439.

O incitamento oculto consistiu em deixar subentendido que Hipátias, com seu prestígio junto a Orestes, constituísse o único impedimento à reconciliação entre o bispo e o prefeito. Daí o passo sucessivo foi rápido: eliminar tal obstáculo. Que não faltavam, claro, e Cirilo sabia bem que não faltariam fanáticos prontos a agirem, intérpretes zelosos de uma vontade que não queria outra coisa senão ser colocada em prática.

Na porta da academia na qual Hipátias ensinava acotovelavam-se alunos e curiosos, mas Hipátias, envolta no manto dos filósofos – uma espécie de "distintivo" que já era usado pelos alunos orientados por Platão – atravessava impávida a cidade inquietante e turbulenta, para ensinar em público o pensamento dos filósofos gregos: não apenas Platão, não somente Euclides ou Ptolomeu, mas também qualquer outra doutrina filosófica grega. Conta Damáscio – que viveu um século mais tarde, a tempo de sofrer a perseguição anti-filosófica de Justiniano – que Hipátias, vestindo o manto filosófico, fazia seus passeios pela cidade e explicava publicamente, a quem quisesse ouvi-la, Platão e Aristóteles ou as obras de qualquer outro filósofo"[5], e foi durante uma dessas ocasiões que a agrediram. Num dia de "Quaresma" do ano de 415, os monges da Nítria, guiados por um leitor chamado Pedro, colocaram-se ao longo do percurso que a carruagem de Hipátias costumava fazer. Assaltaram-na quando voltava para casa. "Arrancada para fora do carro – narra uma fonte eclesiástica contemporânea –, ela foi arrastada até a igreja que tinha o nome de Cesário. Lá desnudaram-na e a massacraram a golpes de telhas, e a seguir a fizeram em pedaços e depois queimaram os míseros restos"[6]. Damáscio acrescenta que lhe haviam arrancado os olhos das órbitas enquanto ainda estava viva. A cena é a de um sacrifício humano praticado pelo deus dos cristãos numa igreja.

O crime – comenta Sócrates, o Escolástico – "trouxe a infâmia tanto para Cirilo quanto para a igreja de Alexandria". Apreende-se bem, por essas palavras, que o historiador ecle-

---

5. *Vida de Isidoro*, 77, 6-7 ed. Zintzen.
6. Sócrates, o Escolástico, *História Eclesiástica* VII, 15. Gibbon entende ὄστραχα como conchas de ostra e imagina que os assassinos tenham esquartejado o cadáver.

siástico não nutre particular simpatia pelo bispo feroz, no entanto, ele não ousa envolvê-lo direta e pessoalmente como mandante[7]. Voltaremos a esse ponto. Damáscio, ao contrário, no amplo relatório que dedica a Hipátias na *Vida de Isidoro*, é explícito quanto às culpas de Cirilo. "Cirilo consumiu-se de raiva, a tal ponto que tramou o assassinato dela de modo a que acontecesse o mais rápido possível"[8]. Para Damáscio não há dúvida de que foi ele, "chefe da facção oposta", quem deu a ordem para o assassinato. Para o crítico moderno é difícil escolher entre uma fonte contemporânea, mas reticente, e outra fonte muito explícita, certamente muito crítica, mas que narra após um século os fatos ocorridos.

Talvez seja devido a um capricho favorável da sorte, ou sobretudo à isenta curiosidade intelectual do Patriarca Fócio, o fato de que se tenha conservado uma terceira narração, mesmo que apenas numa pequena parte, daquele trágico acontecimento. Trata-se de um extrato da *História Eclesiástica*, do ariano Filostórgio, nascido em 368 d.C. e, portanto, contemporâneo dos fatos narrados (talvez testemunho direto daquele extermínio em Alexandria). A obra de Filostórgio foi perseguida por ser de um ariano e talvez isso tenha favorecido o seu desaparecimento. Mas Fócio, no século IX, encontrou um exemplar e, mantendo embora uma prudente distância teológica, fê-lo objeto de leituras coletivas, que ele conduzia regularmente com os seus alunos (inclusive depois de tornar-se Patriarca): tais leituras, ele as narra de modo um tanto caótico na chamada *Biblioteca*. Fócio teve profundo interesse por Filostórgio, a ponto de deixar não somente uma síntese da *História Eclesiástica* na sua *Biblioteca* (capítulo 40), mas também uma quantidade enorme de súmulas: salvas em alguns manuscritos reunidos com o interessante título "Das Lições de Fócio", ou melhor, "De Viva Voz, por Fócio"[9]. Uma dessas súmulas é inteiramente dedicada a Hipátia . Portanto, é mérito de Fócio ter feito tal trajetória. Pois bem: Filostórgio,

---

7. Também o cardeal Barônio, nos *Anais Eclesiásticos* (ano 415, 48), mantém as distâncias.
8. *Vida de Isidoro*, 79, 24-25.
9. Baroccci 142; Marciano 337 (a partir de Bessarione) etc.

que teve inclusive interesses científicos, parece ter escutado diretamente os ensinamentos de Hipátias e Téon. É de fato incisiva a precisão com que ele afirma que, no campo astronômico, a filha tornara-se "muito mais competente que o pai"[10]. Aqui, Fócio abrevia sua fonte e resume todo o resto com uma simples frase: "O ímpio[11] neste ponto diz que, no tempo do reinado de Teodósio II, aquela mulher foi feita em pedaços pelos defensores da consubstancialidade".

Tal modo de falar, hoje, nos faz rir, mas no final para a compreensão dessa história ele pode tornar-se precioso. De fato, enquanto Fócio faz a paráfrase de sua fonte, ele retoma também as palavras mais importantes. Seguramente, é Filostórgio quem deve ter escrito: "os defensores da consubstancialidade", querendo referir-se em tom de desprezo aos "ortodoxos" atanacianos, ao mesmo tempo vencedores e "patronos" incontestáveis da ortodoxia[12]. Como sabemos, em Alexandria era Atanácio um ferrenho defensor da "consubstancialidade" um personagem símbolo: por isso, dizer, daquele assassinato cometido exatamente em Alexandria pelos seguidores de Cirilo, que ele havia sido cometido "pelos defensores da consubstancialidade" era particularmente uma acusação pública. É obvio que Fócio, se falasse por si, não se expressaria desse modo, mas ele se refere propriamente ao que lê em Filostórgio, assinalando com o epíteto "o ímpio" a própria distância por ele assumida. É importante porém que ele nos dê a informação exata: para Filostórgio, portanto, o assassinato não era obra de uma amorfa multidão fanática e sim daquele clero que especialmente em Alexandria mandava e desmandava. A expressão "os defensores da consubstancialidade" não pode referir-se a genéricos assassinos histéricos, mas golpeia a hierarquia, aquela hierarquia atanaciana (e por isso detestada por Filostórgio), que tinha o seu epicentro e o seu ponto de força em

---

10. *História Eclesiástica* VIII, 9, (p. 111 ed. Bidez).

11. Isto é, Filostórgio de Fócio, assim chamado porque parecia claro a qualquer um que o seu interesse pelo ariano não havia nascido da simpatia pelos arianistas.

12. Ortodoxia que em Nicéia tinha consolidado o princípio da *identidade de substância* entre Pai e Filho na (Santíssima) Trindade.

Alexandria. Filostórgio deseja, portanto, denunciar não apenas um doloroso episódio de fanatismo mas um crime dos seus adversários e perseguidores. O quão incisivo e intencional é o seu modo de falar compreende-se melhor confrontando as suas palavras com aquelas do lexicógrafo Suida, o qual, ao narrar sobre Hipátias, disse que ela "foi despedaçada pelos alexandrinos" e esclarece que *segundo alguns*, o instigador tinha sido Cirilo. Entre esses "alguns", estava Filostórgio, testemunha direta daquele acontecimento.

Sócrates, o Escolástico, é mais sutil. Não diz que Cirilo instigou o delito, diz que sobre ele "recaiu a condenação" devido àquele malfadado episódio. E explica assim: "porque matanças, combates e similares são estranhos àqueles que se inspiram em Cristo"[13]. Palavras dosadas e ambíguas, a apreciarem-se tanto mais quando se considera a autoridade doutrinária, para a dogmática católica, de Cirilo, o inventor da *Theotókos*.

As palavras de Sócrates na verdade podem significar duas coisas: que Cirilo não soube ser um bom pastor, visto que sob seu governo houve contínua violência (e provavelmente Sócrates quereria dizer isso), mas podem também significar (no bom sentido) que, devido a tanta violência no tempo em que Cirilo era bispo, tudo isso poderia recair negativamente sobre ele (não culpado).

Muito mais explícito foi o cronista antioquiano Giovanni Malala, que escreveu no tempo de Justiniano. O seu "bairrismo" antioquiano foi talvez motivado pelo favorecimento que Teodósio II manifestou em relação a Alexandria: comprovado, segundo Giovanni, também pela construção da "grande igreja de Alexandria, até hoje chamada de Teodósio". Teodósio – assim se expressa na costumeira simplicidade o cronista – "amava Cirilo". E a prova da subalternidade do imperador (isto é, da sua vigilante tutora Pulquéria) em relação ao poderoso bispo tutor da ortodoxia é para ele a seguinte: "Naquela ocasião, os alexandrinos *autorizados a agir pelo bispo*, com as suas próprias mãos jogaram Hipátias para arder

---

13. *História Eclesiástica*, VII, 15.

no fogo, a grande filósofa de quem herdamos importantes trabalhos"[14].

Parece claro que Malala estabelece um nexo – mas não esclarece qual – entre o afeto de Pulquéria (e Teodósio II) por Cirilo e a execução de Hipátias. A explicação desse nexo nós a encontramos em Damáscio: houve uma tentativa de investigação, evidentemente por iniciativa do prefeito Orestes, mas a investigação foi sabotada. Também nesse caso restam-nos fragmentos de informação: não apenas porque Damáscio, além de Filostórgio, que é conhecido pelos excertos que Suida fez do tema, e mais uma vez, também em Fócio (no entanto, a *Vida de Isidoro*, na qual tanto se fala de Hipátias, nós de fato não a temos), mas sobretudo porque a fonte aqui adicionada integra o prudente Sócrates, o Escolástico, que de qualquer forma não fala dessa investigação, ou quem sabe a deixa na sombra por meio da obscura expressão a que nos referimos anteriormente.

São poucas as palavras de Damáscio, salvas por Suida, que nos ajudam a compreender melhor. Escreve Damáscio: "Este crime trouxe vergonha para a cidade [é a mesma expressão de Sócrates!], e o imperador teria ficado indignado com o acontecimento se Edésio não se tivesse deixado corromper"[15]. Palavras tão elípticas que levaram alguns a pensar – mas é uma hipótese ociosa – numa lacuna[16]. A explicação possível é somente uma: Orestes pediu uma investigação; Constantinopla não podia recusá-la e mandou a Alexandria um tal Edésio, que não fez nada porque deixou-se corromper, evidentemente pela mesma autoridade (o bispo), a que havia contratado e, talvez promovido, o assassinato.

Para Damáscio a vida foi melhor. Quando já estava velho vivia e atuava em Atenas com os outros neo-platônicos, Justiniano fechou a escola platônica (529 d.C.) e expulsou a ele e

---

14. *Crônica* XIV (533-36).
15. *Vida de Isidoro* 81, 7-8 Zintzen.
16. Mas como poder-se-iam hipotetizar lacunas num texto feito de *excertos*, isto é, num texto originado de lacunas, se é que se pode dizer assim?

os outros. Eles fugiram para a Pérsia, governada por Cosróes I, que era interessado por filosofia, e que obteve, para Damáscio, o direito de retornar ao território do império e a garantia de liberdade para professar livremente o platonismo (531). Esse direito foi sancionado especialmente no tratado de paz entre Justiniano e Cosróes. É digno de nota como, já no crepúsculo do pensamento grego, a liberdade de filosofar fosse garantida aos gregos, contra o seu cristianíssimo imperador, pelo último grande soberano persa, da dinastia dos Sassânidas.

Os caminhos da liberdade são os mais variados, e o espírito não sopra onde quer, mas onde pode. De fato, para Justiniano aquela foi uma grande concessão se pensarmos que, sob o seu governo, livros e obras de arte dos gregos eram, por fanática adesão ao cristianismo, queimados e rasgados e jogados no Kynegion, "como se fossem condenados à morte"[17]. Entre o reduzir a pedaços uma estátua (ou um livro), ou ao contrário uma pessoa, vai uma diferença capital. O fim de Hipátias infelizmente não permaneceu um fato isolado. Não continuaremos o desenvolvimento dessa atormentada história do pensamento, mas extrairemos das fontes dois pequenos fragmentos. Eles dizem respeito a duas figuras em certo sentido opostas da idade moderna: o imprudente Pierre de La Ramée e o prudentíssimo Descartes.

Pierre de la Ramée (Petrus Ramus) havia desafiado a Universidade de Paris, combatera desde seus primórdios o aristotelismo dominante, tinha ensinado em terra protestante ao obter asilo, era considerado para todos os efeitos um "huguenote": na noite de São Bartolomeu (27 de agosto de 1572) ele foi descoberto pelos sicários católicos e massacrado. Depois de assassinarem-no, rasgaram-no e arrancaram-lhe o coração para exibi-lo pela cidade como troféu.

Descartes, por sua vez, era um homem perspicaz e sábio. Até sobre a oportunidade de uma viagem refletia e meditava. Havia relutado longamente, quase por um ano inteiro, de fevereiro a setembro, em admitir a idéia de aceitar o convite de Cristina da Suécia de transferir-se para aquele país tão frio, em

---

17. Malala, p. 491, Bonn.

Estocolmo, para ensinar a rainha, que então ainda era protestante, os princípios da sua filosofia. No fim, partiu em 1º de setembro de 1649. Ele não sabia que, enquanto navegava para a Suécia, outro homem partia de Roma, o padre jesuíta Viogué, com o firme propósito de converter a rainha.

Por séculos, a morte de Descartes, ocorrida em Estocolmo em fevereiro de 1650, foi atribuída a uma pneumonia, causada pelo frio intenso do inverno sueco. O próprio Viogué havia dado a extrema unção ao filósofo quando ele morria dentro dos recintos da legação francesa. Num rápido suceder-se de eventos, poucos meses mais tarde, Cristina declarou que desejava abdicar e, em agosto, informou ao jesuíta Antonio Macedo, enviando-o a Roma, pois queria tornar-se católica. Poucos haviam dado importância à epígrafe mandada colocar, em maio, pelo amigo Pierre Chanut sobre a tumba de Descartes: "Ele expiou os ataques de seus rivais com a pureza de sua vida". O documento revelador apareceu mais de três séculos depois. Em 1980, o historiador e médico alemão Eike Pies descobriu em Leiden, no arquivo de manuscritos ocidentais da Rijksuniversiteit, uma carta secreta endereçada a um seu avô[18]. Fora escrita poucas horas depois da morte de Descartes pelo holandês Johann van Wullen, médico pessoal de Cristina, ao seu colega Willem Pies. Ele a havia escrito com grande astúcia, ocultando, por trás de informações banais e antecipando uma aparente adesão à tese oficial da pneumonia, a informação de que ele queria que fosse dado a conhecer, pelo menos na Holanda "livre": Descartes foi envenenado. Viogué, podemos acrescentar, havia feito o seu trabalho.

---

18. O importante estudo de E. Pies, que esclarece e ilustra o documento, apareceu em 1996 (*Der Mordfall Descartes*, Brokhaus, Solingen; trad. it. *O Delito Cartesio*, Palermo, Salério Editor, 1999).

7. AS VIDAS DE DIÓGENES LAÉRCIO*

Os autores epicuristas estavam destinados a desaparecer. Objeto de desprezo por parte das outras escolas filosóficas, objeto de furiosa polêmica por parte dos cristãos. Para estes últimos, que tiveram papel decisivo para estabelecer a salvação ou a condenação da literatura "profana", os epicuristas eram particularmente não-gratos: talvez não tanto pela sua "escandalosa" teoria do prazer quanto pela sua teologia. Essa teologia demonstrava que, de fato, havia outros caminhos, não só aquele dos cristãos, para submeter à crítica a tradicional religião olímpica. E sabe-se que não há nada mais odiado do que aquilo que te é próximo mas que pode tornar-se um obstáculo aos teus objetivos. Não somos mais ferozes contra os "heréticos" do que contra os adversários?

Nesse clima nada favorável parece ter-se salvado somente um autor de declarada fé epicurista: o poeta Lucrécio. Mis-

* Texto elaborado especialmente pelo autor para esta edição.(N. da E.)

teriosa figura, em evidência, talvez, na Roma do I século a.C., gravitando em torno do círculo de Cícero e do seu amigo Ático. Portanto, era um poeta, não um tratadista. Um poeta que deve sua salvação à força de sua criação artística. Virgílio, Propércio, Ovídio, Horácio leram-no a fundo. Somente Ovídio ousou enaltecer-lhe explicitamente o nome. O rei visigodo Sisebut e o sábio cristão Isidoro de Sevilha estudaram-no e imitaram-no. Assim, chegaram ao Medievo, por sorte, dois manuscritos da idade carolíngia que continham os seus textos que se salvaram e proliferaram. Lucrécio os escreveu, na luta contra o naufrágio dos antigos mal-amados em meio ao novo "pensamento único", por ter sido mestre de poesia hexamétrica e pelo denso conteúdo científico de muitas de suas páginas. No início do século IV, Lactâncio, implacável cristão, insultava-o chamando-o de "louco": mas provavelmente atacava o autor latino, pois não tinha mais um texto de Epicuro nas mãos para atacá-lo diretamente.

No final do Oitocentos, arqueólogos franceses, depois arqueólogos austríacos, encontraram numa localidade da costa da Turquia meridional, quase em frente à ilha de Rodes, fragmentos epigráficos de um autor até então ignorado: Diógenes de Enoanda. Na cidade em que foi famoso, Diógenes havia mandado instalar, no pórtico da praça principal, a transcrição epigráfica dos seus escritos epicuristas e, sobretudo, tinha mandado expor os escritos do grande mestre fundador da escola. Hoje, aqueles fragmentos são dez vezes mais numerosos do que no momento da primeira descoberta. Porém uma consideração se impõe: Diógenes é um modesto compilador e o seu salvamento é fruto do acaso, como sempre acontece em arqueologia.

Mas havia outro autor que, em realidade, não deixara jamais de interessar aos estudiosos e aos cultos. Ele oferecia em dez livros práticos uma história do pensamento grego de Tales a Pirro, que suplantava pela narrativa biográfica a exposição das doutrinas: Diógenes Laércio. Autor que, pela projeção histórico-biográfica do seu belo trabalho, salvou-se enquanto precioso "manual", mas que por outro lado ocultava, por assim dizer, ou colocava em segundo plano, a sua propensão filosófica. Ele consagrou todo o décimo livro, último da coleção *Vida dos Filósofos*, a Epicuro. Assim, o seu inteiro tratado culminava em Epicuro. Habilmente ele fazia emergir a sua opção por um jogo das partes (a expressão é jocosa) através da sua devoção, platônica e apaixonada. Em suma, Diógenes Laércio é o outro "grande" epicurista da literatura clássica.

O seu tributo a Epicuro é de tal ordem que ele transmite, no livro que lhe é dedicado, obras inteiras, às vezes transcrevendo-as ou comentando-as em alguns pontos. Não o faz por intermédio de nenhum outro autor. Somente Platão – o filósofo predileto de sua dedicatória – é merecedor, como Epicuro, de um livro inteiro.

Não sabemos a quem ele teria feito a dedicatória. Erradamente, os estudiosos modernos atribuem a ausência desse dado essencial à "incompletude" ou à "imperfeição" da obra. (Hipóteses arbitrárias e muitas vezes demonstráveis que subestimam muitas partes da obra, às quais são atribuídos defeitos de todo gênero, sempre imputados à limitação do autor). Aquele nome não podia faltar, pelo próprio fato de que, bem no meio do livro sobre Platão, Diógenes faz apóstrofe dessa dama filósofa de modo cisrcunstanciado, exaltando-lhe a perícia profunda e a curiosidade intelectual. Sabe muito bem, portanto, de quem está falando. O nome dessa mulher, talvez, estivesse incorporado ao título. Mas o título não o temos mais, visto que o melhor manuscrito (o "Borbônico", conservado naquele tesouro em decadência que é a Biblioteca Nacional de Nápoles) está mutilado no começo: falta-lhe a primeira página. E os manuscritos menos valorizados fornecem títulos vagos e contraditórios.

Hoje podemos ter uma noção exata porque dispomos, finalmente, de uma edição crítica da *Vidas dos Filósofos*, aquela publicada [meses atrás] por Miroslav Marcovich (junto ao editor "Teubner", de Stuttgart e Leipzig). Depois da infeliz edição de Long (Clarendon Press), eis finalmente um texto confiável. E sobretudo um aparato crítico que não esconde os dados mais importantes, aqueles relativos aos títulos presentes no início e no final de cada livro: elementos capitais e ricos de indícios em torno da história de textos antigos. Marcovich nos dá todos os elementos necessários, e é fácil compreender que os títulos presentes nos nossos manuscritos, no começo da obra, não têm nenhuma chance de corresponder ao título do autor.

Marcovich introduziu outra inovação importante. Dividiu a edição em dois tomos: no primeiro dá-nos o texto, no segundo compila todas as fontes bizantinas, de Fócio a Suida e outros, os quais citam Diógenes. Finalmente, pode-se começar a ter idéia de quanta gente Diógenes leu e qual o uso que fez deles. [Para não falar da extrema utilidade deste segundo volume para poder-se manusear com proveito o primeiro.] A passagem de Diógenes através do Medievo grego e através do Medievo latino (de Henrique Aristipo a Walter de Burley, a Benzo de Alexandria) é uma história capital da política ocidental. A pátina epicurista de certos contos de Chaucer não poderia ser compreendida de outra maneira. Estudou-a recentemente uma excelente filóloga belga, Paule Martens. Conhecemos a celebérrima "viagem" oriental-ocidental de Aristóteles até Guilherme de Moerbeke e Tomás de Aquino. Não deveríamos nos descuidar do papel e do peso daquela de Diógenes. Mas quem era Diógenes? A sua cronologia seria definitivamente estabelecida se aceitássemos pensar (como acredito que seja justo e como sugeriu tantos anos atrás Vittorio Bartoletti com prudência), que o papiro florentino de 1488 contém um fragmento de Diógenes, não de uma sua fonte. De qualquer modo, ele foi alexandrino, ao menos de adoção se não pelo nascimento. Caso contrário ele não daria entretanto tanto relevo, colocando-o na conclusão do seu prefácio, a Potamão de Alexandria, filósofo eclético menor que o Léxico de Suida mistura com o homônimo histórico da era tiberiana. Diógenes diz no prólogo que "um pouco antes (dele) Potamão trouxe à luz o seu eclético manual. E nós queremos saber quando viveu Potamão, para além dos pastiches de Suida. Um indício nós o temos numa passagem de Alexandre de Afrodísia (que viveu no fim do século II d.C.), o qual cita Potamão a propósito de uma passagem de Aristóteles e o discute. Em suma, Potamão não era muito anterior a Alexandre de Afrodísia. E isso nos ajuda a colocar Diógenes na metade daquele século dos Antoninos, que foi a última fase de serenidade do império, de serenidade mesclada com ares de decadência, como bem observou Gibbon. O século do sincretismo por excelência, no qual Plotina mandava gravar sobre pedra as cartas que enviava a Adriano, seu filho adotivo, mantido na ainda viva e operante escola epicurista.

O versátil Gilles Ménage, que conhecia bem os idiomas (inclusive o italiano, língua hoje ignorada na vizinha França) elaborou notas para o seu esplêndido *Diógenes Laércio* (1664), e entre outras coisas sublinhou que, num determinado ponto, Diógenes, ao contar uma anedota sobre Aristóteles, usa a expressão "dar a esmola": expressão existente apenas entre os autores cristãos. Em Alexandria, os cultos das diversas seitas e escolas freqüentavam-se uns aos outros e se influenciavam, inclusive os cristãos. Eis porque é quase certo que, num lugar de Taciano, apologista ativo nesses mesmos anos, deva-se ler a menção a "Laércio, aquele que elaborou a narrativa das vidas dos filósofos".

ÍNDICE DOS TRECHOS CITADOS

A
Agátias
História
II, 28, 2 – 98
Amônio
Comentáriosin Aristótelem, CAG IV, 3-5 – 98
Antifonte
fr. 67Blass – 20
Aristófanes
Nuvens
1494-1504 – 17
Pássaros
1024 e 1046 – 14
Rãs
1431 – 28
Aristóteles
Constituição de Atenas
39 – 41
40, 4 – 44
fr. 662 Rose (T 23 Gigion) – 126
fr. 668 Rose – 101
Ateneu
Os Sofistas no Banquete
V, 214D – 108
XI, 496B – 59
XI, 505A – 54
XV, 696C – 101

C
Cássio, Díon
LXXVII, 7 – 113
Cornélio Nepos
Vida de Ático
12 – 138
Crítias
Sisifo
fr. 25D.-K – 59

183

D

Damáscio
  Vida de Isidoro
   77, 6-7 ed.Zintzen – 169
   79, 24-25 – 170
   81, 7-8 – 173
Demócares
  fr.2 müller (*Or.Att.*) – 92
Demóstenes
  Orações
   I, 4 – 103
   II, 23 – 103
   IV, 36 – 103
   VIII, 11 – 103
Dídimo
  Comentários Sobre
  Demóstenes
   col. 5, II. 52-53 – 94
   col. 6, II. 22 – 38, 101
Diógenes Laércio
  Vida dos Filósofos
   II, 20 – 72
   II, 21 – 17
   II, 22 – 57
   II, 22-23 – 38
   III, 3 – 57
   III, 5 – 61
   III, 6 – 60, 62
   III, 7 – 60
   III, 18 – 70
   III, 19 – 71
   IV, 6 – 88
   IV, 7 – 102
   IV, 8-9 – 102
   IV, 14 – 102
   V, 2 – 87
   V, 4 – 123
   V, 5 – 110, 111
   V, 7 – 101
   V, 9 – 117
   V, 12 – 104
   V, 38 – 120
   V, 51-52 – 121
   V, 62 – 125
   X, 2 – 131
   X, 3 – 132
   X, 3-8 – 159
   X, 6 – 159
   X, 7 – 138
   X, 9 – 159
   X, 10 – 132
   X, 21 – 125, 132
   X, 27 – 153
   X, 88-89 – 134
   X, 121b – 152, 154
   X, 122 – 132
   X, 123 – 189
   X, 124-125 – 145
Dionísio de Halicarnasso
  Epístola de Ameu
   5 – 118

E

Estrabão
   XIII, 1, 54p. 608 – 107, 115, 122
Eurípides
  Ifigênia em Táuride
   v.1139 – 60
Eusébio
  Praeparatio Evangelica (PE)
   XV, 15 (p. 793) – 111

F

Fócio
  Biblioteca
   40 – 170
  Questões de Anfilóquio
   137-147 – 93

G

Gélio, Aulo
  Noites Áticas
   XIV, 3 – 54

XX, 5 – 106, 129
Giovanni Malala
Crônica
   XIV (533-536) – 173
   XVIII, p. 491 Bonn
   (a.562) – 99, 174

H
Heliano
Varia Historia (VH)
   II, 30 – 61
   III, 19 – 88
   III, 36 – 117
Homero
Ilíada
   XVIII, 95 – 110

J
Jerônimo
Crônica
   s.a 94/3 – 139

L
Lactâncio
A Criação Divina
   6, 1 – 160
A Cólera Divina
   8 – 160
Lísias
   fr. 30 Gernet Bizos – 30
Luciano
Alexandre
   38 – 61
Lucrécio
A Natureza
   I, 62-70 – 157
   I, 102-103 – 146
   I, 136-145 – 133
   I, 958-964 – 133
   I, 975-981 – 134
   II, 7-36 – 142
   II, 180-181(= V, 198-199)
   – 157

II, 217-224 – 136
II, 221-224 – 148
II, 228 – 137, 149
II, 238-242 – 136
II, 251-254 – 150
II, 255 – 154
II, 256-260 – 154
II, 261 – 154
II, 266 – 155
II, 269 – 155
II, 270 – 155
II, 284-287 – 155
II, 286 – 155
II, 292 – 135
II, 294-307 – 137
II, 478-521 – 137
II, 830-920 – 137
II, 1502-1507 – 135
III, 3-6 – 133
III, 31-40 – 146
III, 33 – 149
III, 99 – 156
III, 102-103 – 156
III, 106-107 – 156
III, 117 – 156
III, 179-180 – 155
III, 182-188 – 155
III, 912-915 – 147
III, 933-938 – 148
III, 950-951 – 148
III, 995-997 – 143
III, 998 – 143
III, 1040-1041 – 140
IV, 1030-1287 – 153
IV, 1037-1191 – 140
IV, 1121-1191 – 153
IV, 1177 – 153
V, 91-145 – 137
V, 153-155 – 151
V, 235-350 – 137
V, 351-379 – 159
V, 1110-1114 – 143
V, 1123-1124 – 144

V, 1129-1130 – 144
V, 1131-1133 – 144
V, 1172-1193 – 151
V, 1198-1201 – 152
V, 1233 – 150
V, 1233-1235 – 150
V, 1344-1346 – 135
VI, 806-810 – 141

M

Marco Túlio Cícero
   Cartas ao Irmão Quinto
      II, 10 – 138
   Do Destino
      10, 22 – 150

O

Orígenes
   Contra Celso
      I, 380 – 117
Orósio
   Contra os Pagãos
      VI, 15, 32 – 166
Ovídio
   Amores
      I, 15, 23-24 – 152

P

Platão
   Apologia
      20E-21A – 32
      32D-E – 32
      33A – 132
      36A – 36
   Teeteto
      147D – 66, 67
      148B – 67
      201D-E – 67
      203A – 67
   Banquete
      174A-B – 18
      174D – 19
      175E – 58

      212C-D – 19
      212E – 19
      218D – 21
      219B-D – 21
      223D – 20
   Crítias
      108B – 60
   Leis
      III, 694C-D – 55
      VII, 803B – 75
      XII, 942D – 81
   Sétima Carta
      324D – 30
      224E – 30
      325C – 33
      326A-B – 69
      326B – 68
      326D – 70
      327A – 70
      327B – 70
      327E-328A – 74
      328B – 74
      328C – 74
      328E – 74
      329A – 75
      329D – 76
      330A – 77
      330D – 78
      334D – 79
      341B-C-D – *78*
      344D – 79
      350C-D – 77
   Oitava Carta
      354B – 80
Plínio, o Velho
   História Natural
      VIII, 44 – 109
      XXX, 53 – 112
Plutarco
   Sila
      26 – 108
   Alexandre
      7 – 126

55, 7 – 112
77 – 113
Demóstenes
204-5 – 96
Díon
5 – 71
Pólux
IX, 42 – 120
Porfírio
Vida de Plotino
24 – 106
Possidônio
fr 36, 53 Jacoby – 108, 114

S

Sêneca
Da Ira
3, 15, 4 – 84
Quaestiones Naturales (QN)
VI, 23, 3 – 111
Simplício
Comentário a Aristóteles (Sobre o Céu) CAG
VII, 506, 11 – 109
Sócrates, o Escolástico
História Eclesiástica
VII, 15 – 169
VIII, 9 – 171

T

Taciano
Contra os Gregos
2, p. 2, 23 Schurtz (= *PG* VI 808) – 111
Temístio
Orações
7, 94A (p. 112, 13 Dindorf) – 111
10, 130A (p. 155, 6 Dindorf) – 111
Tímon de Fliunte
fr. Diels – 51

Tucídides
VI, 15 – 20
VI, 60, 1 – 22
Publio Virgilio Marone
Eneida
VI, 851 – 144
Vida de Ptolomeu
10 (= Düring p. 343, 45d) – 117

X

Xenofonte
Anábase
I, 10, 2-3 – 50
II, 1, 12-13 – 50
II, 6, 21-29 – 50
III, 1, 4 – 44
III, 1, 7 – 45
V, 3, 7-13 – 54
V, 3, 7 – 48
VII, 7, 57 – 48
Helênicas (HG)
I, 7, 7 – 24
I, 7, 8 – 25
I, 7, 11 – 25
I, 7, 12 – 25, 28
I, 7, 14 – 26
I, 7, 15 – 26, 28
I, 7, 34 – 26
II, 4, 6 – 42
II, 4, 8-10 – 40
II, 4, 24 – 41
II, 4, 26 – 42
II, 4, 41 – 43
II, 4, 43 – 43
Memoráveis
I, 1, 11 – 55
I, 2, 29-30 – 63
I, 2, 33-38 – 32
I, 2, 40 – 27

ÍNDICE REMISSIVO

A

Abido – 20
Adriano, Públio Élio – 71
Agatão – 18, 19
Agátias – 98
Agesilau – 53, 60, 68
Agnotêmis – 113
Agostinho – 166
Alcibíades – 19-29, 33, 38, 52
Alexandre de Afrodísias – 86, 180
Alexandre Magno – 10, 53, 92, 96, 100, 103, 104, 106,109-113, 116, 117
Alexandria – 88, 89, 91, 94, 97, 98, 109, 113, 120, 124, 164-166, 167, 168, 169-173, 181
Alexi – 20
Alighieri, Dante – 53
al-Kindi – 90
al-Mamun – 88-89
al-Mubashir – 129
al-Nadin – 89
Amintas – 86
Amônio – 86, 97
Amônio Taumásio – 168
Anaxágoras – 33, 72, 118, 137
Anaxímenes – 100
Andrônico de Rodes – 105, 106, 107, 116, 125-130
Anfípolis – 38
Aníceri de Cirene – 72
Antálcidas – 110
Antifonte – 20-21
Antípatro – 9, 104, 112-113, 117-119
Apelicão de Teo – 101, 108, 114-116, 124, 126
Apolodoro – 104
Apolônio de Tiana – 61
Arginusas – 23, 24, 28, 31
Aristipo – 100, 180
Aristodemo – 18

Aristófanes – 17-19, 23, 28, 39, 114
Aristómene – 70
Aristóteles – 7, 9, 10, 42, 44, 46, 54, 73, 75, 85-127, 129-133, 134, 145, 160, 169, 180
Arpalo – 117
Arquelau – 86, 104
Artaxerxe – 44
Ásia – 47, 48, 53, 57, 60, 94, 100, 103, 110
Ásia menor – 85
Atanácio – 164, 171
Atarnéia – 91-92, 95, 96, 123
Atenágoras – 27
Atenas – 8, 9, 18, 20, 28-30, 33, 35, 38, 40, 44-46, 48, 52, 53, 54, 58, 59, 62-64, 65-66, 71, 73, 77, 82, 86, 91, 92, 96, 97, 101-103, 107-109, 112-115, 116-117, 119-120, 123, 124, 130, 131, 153, 173; Academia – 9, 72, 73, 86, 92, 96, 101, 104, 123, 124, 130; Liceu – 9, 19, 104, 109-110, 117, 120, 121, 130; Metrôon – 114; Odeon – 41; Pireu – 29, 31, 38, 40, 42; teatro de Dioniso – 61
Ateneu de Náucratis – 71
Atenião – 108, 114-115
Ática – 22, 31, 40, 58, 117, 119, 130
Atos – 96
Átalo III – 115
Ático, Tito – 138, 178
Augusto (Caio César Otaviano) – 105, 107, 127, 152, 153
Axíoco – 20, 22

B
Babilônia – 49, 109
Bagdá – 49, 89, 91, 93
Bálcãs – 86
Barônio, Cesare – 170
Bartolleti, Vittorio – 180
Bayle, Pierre – 150
Belarmino, Roberto – 83
Benzo de Alexandria – 180
Bizâncio – 85, 86, 91, 93-94, 95, 97, 166, 173
Boécio – 106
Borgia, Cesare (Duque Valentino) – 83
Bósforo – 85, 166
Bouchard, Paul-Louis – 140
Brabante – 85
Brecht, Bertolt – 59
Bruto, Marco Júnio – 70
Bulgakov, Michail – 31, 76

C
Caláuria – 118
Cálcida – 117, 118, 130
Calcídica – 91
Calescro – 22, 59
Calino – 121, 122
Calipo – 78
Calístenes – 10, 100, 109, 110, 111, 112
Calístrato – 42
Calixeno – 25, 26
Caracala (Marco Aurelio Antonio) – 113
Cáricles – 32
Cármides – 22, 40, 62, 63
Carnéades – 159
Cassandro – 113, 119
Castro, Fidel – 38
Catilina, Lucio Sergio – 147, 148
Catulo, Caio Valério – 152
Cáucaso – 53
César, Caio Júlio – 47, 70
Cesário – 169
Chanut, Pierre – 175

Chaucer – 180
Cícero, Marco Túlio – 107, 111, 130, 138, 139, 141, 148, 150
Cícero, Quinto – 141
Cirena – 64, 66, 72
Cirilo – 165-170, 171-173
Ciro, o Jovem – 44-46, 47, 50, 53, 56
Ciro o Grande – 55
Cláudio (Tibério Cláudio Nero Germânico) – 83
Clay, Diskin – 114
Clearco – 49, 52, 56
Cléon – 91
Cólofon – 130
Constantino – 164
Corinto – 54
Corisco – 94, 96, 122-124
Cornélio Nepos – 138
Coronéia – 54
Cosróes – 98, 99, 174
Costantinopla *ver* Bizâncio
Crânon – 117, 118
Crátero, o Macedônio – 114
Cratipo – 51
Cristina da Suécia – 175
Crítias – 8, 22, 23, 29, 31-33, 39, 40, 46, 56, 58-63, 65, 82, 147
Críton – 31, 51
Cunaxa – 49

D

Damáscio – 94, 97, 98, 169, 170, 173, 174
Deceléia – 22
Delfos – 45
Délios – 38, 57
Dêmades – 118
Demarato – 122
Demétrio Falero – 109, 119-120, 131
Demócares – 92, 97, 120

Demócrito – 131, 135, 137, 140, 156
Demóstenes – 9, 11, 73, 86, 91-92, 94-97, 100-105, 116-118
Demotimos – 122
Descarte, René – 161, 174, 175
Dicearco – 60
Dídimo – 94, 100
Diels, Hermann – 156
Díocles – 54
Diógenes de Enoanda – 138, 178
Diógenes de Tarso – 153
Diógenes Laércio – 60-62, 70, 119, 153, 159-160, 178, 179, 180
Díon – 70, 72-79
Dionísio de Halicarnasso – 118
Dionísio, o Jovem – 73, 74, 76-79
Dionísio, o Velho – 70
Diotimo (ou Teotimo) – 159
Dupin, Ellies – 167
Düring, Ingemar – 89

E

Edésio – 173
Edessa – 94
Egina – 71, 72, 117, 118
Egito – 60, 64, 88, 120, 124, 167
Einstein, Albert – 156
Elêusis – 39-40, 42, 43, 44, 46, 63
Élida – 54
Ênio, Quinto – 151
Enoanda – 138
Epicuro – 7, 10, 114, 117, 125, 130-161, 178, 179
Erasto – 94, 122-124
Esparta – 20, 40, 45, 53, 54, 56, 57, 68, 73, 80, 82, 100
Espeusipo – 77, 92, 101, 104, 123

Esquépsis – 96, 122, 124
Ésquilo – 28-29
Estagira – 86, 121
Estrabão – 107, 116, 122-124
Estráton de Lâmpsaco – 122, 123, 124-125
Eubéia – 117
Euclides – 62, 66, 90, 169
Eudóxio – 77
Eufrates – 47
Eufreu Olinto – 73
Eumelo – 119
Eurilo – 64
Eurimedonte – 117
Eurípides – 8, 18, 58-60
Euriptólemos – 25, 26
Eutidemo – 63
Evémero – 151

F

Falinos – 50, 51, 52, 72
Favorino de Arles – 71, 117
Fedria – 132
Fedro – 22, 58
Filipe – 9, 86, 91, 95-97, 100-104, 105, 110, 113, 116, 120
Filolau – 64
Fílon – 120
Filostórgio – 170-173
Fócio – 93, 170, 171, 173, 180
Fraenkael, Eduard – 12
Frinéia – 102, 170, 171

G

Galeno – 89, 90
Gallieno – 167
Gassendi, Pierre – 161
Gélio, Aulo – 106, 125, 129, 130
Gibbon, Edward – 165-167, 169, 180
Giovanni Malala – 172, 173

Glauco – 40, 59
Goethe, Johann Wolfgang von – 147
Grécia – 47, 54, 73, 85, 86, 97, 101, 103, 104
Grilos – 54
Guilherme de Moerbeke – 85, 86, 127, 180
Gunde-Shapur – 94

H

Hagag ben Matar – 90
Hauptmann, Elizabeth – 59
Hecateu – 137
Hegel, Georg Wilhelm Friedrich – 75
Hermarco – 125, 151
Hérmias – 9, 10, 94-97, 99-101, 108, 112, 123
Hérmias filósofo – 97
Heródoto – 53
Hesíodo – 131
Hiparco – 122
Hiparinos – 79
Hipaso – 66
Hipátias – 97, 168-173, 174
Hipérides – 117, 118
Homero – 52
Horácio – 178
Huizing, Klass – 113
Hunain ibn Ishaq – 89, 129
Husserl, Edmund – 163

I

ibn-al-Qifti – 98
Idomeneu – 185
Ilíria – 86
Isidoro (platônico) – 97
Isidoro de Pelúsio – 167
Isidoro de Sevilha – 160, 178
Isócrates – 56, 80
Itália – 64, 68

J

Jerônimo – 139-141
Jesus – 61, 132, 172
João Filôpono – 86, 91, 93, 94, 97-99, 105
Juliano, o Apóstata (Flávio Cláudio Juliano) – 88, 111
Justiniano (Flávio Petro Sabácio Justiniano) – 72, 98, 99, 169, 172, 173, 174

K

Kubrick, Stanley – 59

L

Lactâncio – 140, 160, 178
Laídes – 102
Lâmia – 117
Larissa – 55
Lênin (Vladimir Ilitch Ulianov) – 83
Leon de Salamina – 31, 32
Leopardi, Giacomo – 147, 157
Leostenes – 117
Leuctras – 54
Líbia – 66
Lícon – 125
Licurgo – 79, 80, 82
Lisandro – 29, 40, 42
Lísias – 20
Lisímaco – 41, 42, 46
Lívio, Tito – 141
Luciano de Samósata – 25,
Lucrécio Caro, Tito – 7, 10, 132-161, 177, 178
Lúculo, Lúcio Licinio – 107

M

Macedo, Antonio – 175
Macedônia – 9, 59, 86, 87, 91-92, 96, 101, 105, 112, 122
Mantinéia – 54
Maquiavel, Nicolau – 9, 83
Maria – 167
Martens, Paule –
Marx, Karl – 75
Medontis – 20
Megara – 31, 62, 64
Mêmio, Caio – 133
Ménage, gilles – 181
Meneceu – 132, 134, 145, 160
Mênon – 55-56
Mentor – 95
Mesopotâmia – 47, 49
Metrodoro – 158-159
Miroslav Marcovich – 179
Mis – 132, 159
Mitrídates – 107, 108
Muníquia – 40, 118

N

Neleu – 121-124, 130
Nero, Cláudio César – 84
Nicéia – 164, 171
Nicômaco – 121, 122
Nicóstrato – 42
Nisibis – 94

O

Odisseu – 49, 52, 53
Olímpia (cidade) – 54, 77
Olímpia – 103, 113
Olimpiodoro – 94
Olinto – 73, 91, 92
Oloro – 20
Orestes – 167-169, 173
Orósio, Paolo – 166
Ovídio – 152, 178

P

Palestina – 88, 91
Pasquali, Giorgio
Pausânias – 42
Pedro (monge) – 169

Pedro, o Grande – 86
Pérgamo – 115
Péricles – 27-28, 57, 91
Péricles, o Jovem – 23
Pérsia – 52, 54, 56, 95, 96, 100, 102, 174
Pies, Eike – 175
Pies, Willem – 175
Pisístrato – 57
Pitágoras – 51
Pitágoras (Filósofo) – 66
Pítia – 99
Platão – 8, 9, 18, 19-21, 29-31, 33, 34, 40, 54-56, 57-84, 86-88, 90, 92, 94, 96, 98, 102, 105, 123, 130, 145, 159, 160, 169, 179
Plauto, Tito Maccio – 141
Plínio, o Velho (Caio Plínio Segundo) – 109, 112
Plotino – 105, 106
Plutarco – 20, 70, 111-113, 126, 129
Polícrates – 33
Pólides – 70, 71
Porfírio – 105, 106
Possidônio – 108, 159
Potamão de Alexandria – 180
Potidéia – 38
Praga – 163
Praxíteles – 121
Proclo – 94
Propércio – 178
Próxeno – 44, 46
Ptolomeu de Lagos – 113
Ptolomeu Filadelfo – 166
Ptolomeu, Cláudio – 129, 169
Pulquéria – 166, 172, 173

Q
Querefonte – 32
Queronéia – 9, 70, 97, 101, 102, 103, 104

Quirisofo – 52
Quíron – 83

R
Ramée, Pierre, de la (Petrus Ramus) – 174
Robespierre, Maximilien – 83
Roma – 107, 116, 151, 178
Ruffini, Edoardo – 35
Russel, Bertrand – 152

S
Samio – 51
Samos – 23, 30, 38, 130
Schleiermacher, Friedrich Ernst Daniel – 69
Schwob, Marcel – 139
Sêneca, Lúcio Anneo – 75, 84, 111
Seutes – 48
Sicília – 8, 22, 57, 68, 69, 70, 72, 79, 87
Silas, Fausto Cornélio – 107, 108
Silas, Lúcio Cornélio – 107, 108, 116
Símaco – 141
Simone – 51
Simplício – 86, 97-99, 105
Sinésio de Cirena – 168
Siracusa – 8, 58, 68, 70, 73, 75, 76, 82
Síria – 88
Sisebut – 178
Skaptè Hyle – 141
Sócrates – 7, 8, 9, 17-35, 38, 44, 45, 46-48, 51, 55, 56, 60-64, 66-69, 72, 82, 83, 117, 118, 119, 173
Sócrates, o Escolástico – 169, 172, 173
Sófocles (político do séc. IV a. C.) – 120
Sólon – 64-65

Squilunte – 54
Stálin, Josef Vissarionovitch – 31, 76
Suida – 172, 173, 180

T

Tapiró e Baró, José – 140
Tchernitchévski, Nikolai Gavrilovitch – 100
Tebas – 31, 92, 103, 104, 116
Teeteto – 64, 66, 67, 68
Temístio – 86, 111, 129
Temistógenes de Siracusa (Xenofonte) – 51
Teodoro – 64, 66-67
Teodósio II – 166, 172, 173
Teodósio, o Grande – 164, 166
Teófilo – 89, 165-166
Teofrasto – 111, 114, 115, 119-124, 130
Téon – 97, 168, 171
Teopompo – 100
Teopompo (Xenofonte) – 50, 52
Terâmenes – 25-26
Termópilas – 97, 110
Tessália – 55, 59, 117
Teut – 68
Tímon de Fliunte – 156
Tinius, Johann Georg – 113
Tiranião – 107, 108, 116, 126
Tissafernes – 47, 50, 52, 55
Tomás de Aquino – 86, 90, 99, 127, 180
Trácia – 91, 112, 141
Trasíbulo – 37, 38, 41-44, 46, 63
Trasilo – 23, 37
Trezena – 118
Trinta ("tiranos") – 29-31, 33, 37-42, 45, 49, 59, 62, 63, 69, 82
Tróade – 91, 97, 112, 122
Tucídides – 11, 13, 20, 22, 80, 141, 153

V

Viogué, François – 175
Virgílio Maro, Públio – 144, 153, 178
Voltaire (François-Marie Arouet) – 35

W

Walter de Burley – 180
Weigel, Helene – 59
Wilamowitz-Moellendorf – 12
Wulen, Johann, van – 175

X

Xenócrates – 77, 88, 101, 102, 104, 130
Xenofonte – 7, 8, 12, 27, 28, 29, 32, 36-56, 57, 61-64, 66, 72, 76, 80

Z

Zenon – 94

FILOSOFIA NA DEBATES

O Socialismo Utópico
  Martin Buber (D031)
Filosofia em Nova Chave
  Susanne K. Langer (D033)
Sartre
  Gerd A. Bornheim (D036)
O Visível e o Invisível
  M. Merleau-Ponty (D040)
A Escritura e a Diferença
  Jacques Derrida (D049)
Linguagem e Mito
  Ernst Cassirer (D050)
Mito e Realidade
  Mircea Eliade (D052)
A Linguagem do Espaço e do Tempo
  Hugh M. Lacey (D059)
Estética e Filosofia
  Mikel Dufrenne (D069)
Fenomenologia e Estruturalismo
  Andrea Bonomi (D089)
A Cabala e seu Simbolismo
  Gershom Scholem (D128)
Do Diálogo e do Dialógico
  Martin Buber (D158)
Visão Filosófica do Mundo
  Max Scheler (D191)
Conhecimento, Linguagem, Ideologia
  Marcelo Dascal (org.) (D213)
Notas para uma Definição de Cultura
  T. S. Eliot (D215)
Dewey: Filosofia e Experiência Democrática
  Maria Nazaré de C. Pacheco Amaral (D229)
Romantismo e Messianismo
  Michel Löwy (D234)
Correspondência
  Walter Benjamin e Gershom Scholem (D249)
Isaiah Berlin: Com Toda a Liberdade
  Ramin Jahanbegloo (D263)
Existência em Decisão
  Ricardo Timm de Souza (D276)
Metafísica e Finitude
  Gerd A. Bornheim (D280)
O Caldeirão de Medéia
  Roberto Romano (D283)
George Steiner: À Luz de Si Mesmo
  Ramin Jahanbegloo (D291)
Um Ofício Perigoso
  Luciano Canfora (D292)

IMPRESSÃO E ACABAMENTO
Bartira Gráfica e Editora Ltda.